だいわ文庫

個性を捨てろ！　型にはまれ！

三田紀房

大和書房

プロローグ
日本人の『型』はどこへ行った？

漫画家の僕がこうして本を出すことについて、不思議に思われる方も多いだろう。ご存じの方もいるかもしれないが、僕は『ドラゴン桜』（講談社）や『エンゼルバンク～ドラゴン桜外伝』（同）、『マネーの拳』（小学館）、『銀のアンカー』（集英社）といった漫画を描いている、現役の漫画家だ。

特に、偏差値《へんさち》30台のダメ高校生たちが東大入試にチャレンジする姿を描いた『ドラゴン桜』は、こちらの予想を上回る大ヒット作品となり、ありがたいことにテレビドラマ化もされるまでになった。

一方、『マネーの拳』という漫画は、ボクシングの元世界チャンピオンが、引退後にビジネス界でチャンピオンになる姿を描いた作品である。

これらの漫画を描き進める中で、当然たくさんの資料に目を通したし、取材めいたことをやったりもした。『ドラゴン桜』のヒットもあり、講演会などで教育関係者の方々と意見を交換する機会にも恵まれた。

そうするうちに、僕の中で以前から頭にあった考えが、より確信めいたものへと変わっていった。

それは、

「個性なんかいらない」

「型にはまってこそ、成功できる」

という2つの考えだ。

そして、この強い気持ちをよりストレートな形で言葉にしたかったため、こうして漫画ではない一般書という形をとらせてもらうことになった。

たとえば、渋谷などの繁華街を歩いてみると、いかにも「個性的」なファッションをした若者たちが闊歩《かっぽ》している。

しかし、何人もの若者たちとすれ違ううちに、おかしなことに気がつく。

個性的であるはずの彼らのファッションが、みな同じなのだ。

つまり、「これが個性的」という『型』があって、ただその『型』どおりの格好をしているだけなのだ。

それが流行というものだ、と言われればそれまでだけど、僕はこの『型』というものに、昔から強い関心があった。

オシャレに見える『型』や、個性的に見える『型』があるように、人生にも成功できる『型』というものがあるのではないか。

そして世の成功者たちは、みなその『型』を実践しただけではないのか。

そんな気がしてならなかったのだ。

そして僕は、ひとつの結論に達した。

世の中には、成功するための『型』がある。

個性も才能もいらない。ただ用意された『型』にはまればいい。

むしろ、中途半端な個性なんかジャマになるだけで、捨ててしまったほうがいい。

いささか過激な物言いかもしれないが、それが僕の結論だ。

いま、世間ではとにかく個性を重視して、自由を尊重することがすべてのように語られている。

学校でも、画一《かくいつ》的な教育はやめて、子どもたちの個性を伸ばすことが求められているし、体罰なんかもってのほかだという風潮《ふうちょう》になっている。

企業においても、能力主義や成果主義が正義とされ、かつての年功序列や終身雇用制度は前世紀の遺物《いぶつ》のような扱いを受けている。

はたして、それが本当に正しいのだろうか？

個性って、そんなに大事なものなのだろうか？

個性が育てば、この国が抱える問題は一挙に解決するのだろうか？

僕は、そうじゃないと思う。

むしろ、この不気味な個性幻想が若者たちの足を縛《しば》り、身動きをとれなくしている。

まるで「個性がなければ人にあらず」といった風潮になり、数多くの若者が文字通りの意味で路頭に迷っている。

だからこそ、僕は言いたい。

「個性を捨てろ！　型にはまれ！」と。

本書で語られるやや過激な主張に、ひとりでも多くの読者の方がなにかを感じ、新しい一歩を踏み出すきっかけとなれば、それに勝る喜びはない。

個性を捨てろ！　型にはまれ！

目次

第2章 企画もアイデアも『型』でつくられる!!

アイデアに
才能はいらない

コピーでいいから
結果を出せ

常識のカーテンに
火をつけろ

第3章 これまでの自分を崩せ!!

これまでの自分を脱ぎ捨てろ

こだわりを捨てれば身軽になれる！

大口たたかず、いまの自分の力量を知れ！

第4章 タテ社会は素晴らしい!!

自由を求めるな、規律を求めよ

タテ社会のメリットに目を向けろ

王様にならず、横綱になれ！

第5章 選択肢なんていらない!!

子どもに自由を与えるな
個性を伸ばさず『型』を詰め込め
日本の『型』を教育せよ

第6章 島国根性を磨け!!

個性を捨てろ！　型にはまれ！

第1章
成功したければ『型』にはまれ!!

ラクして成功したいと
思うのは、
恥ずかしいことなのか？

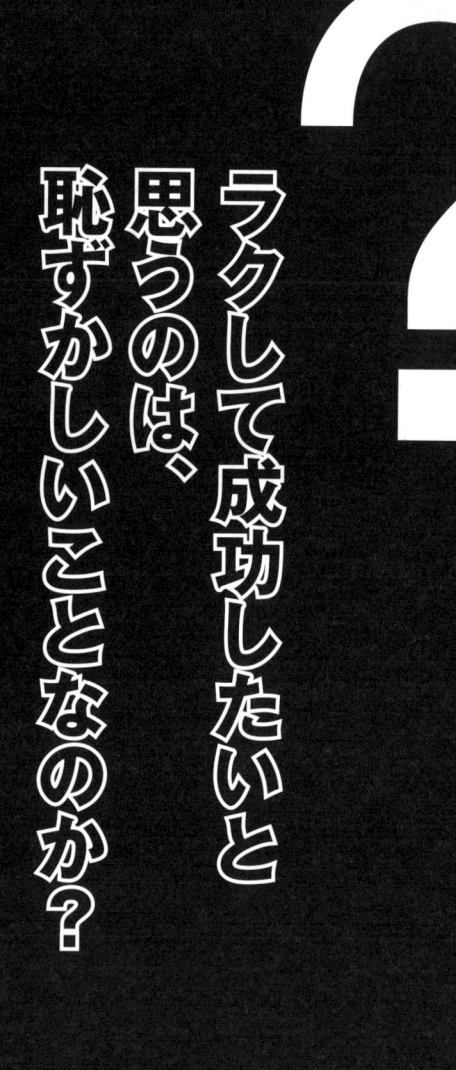

成功の近道は『型』にある

◎成功は最短距離でつかめ!!

誰だって成功したい。

僕もあなたもあの人も、みんなが成功したいと思ってる。

まずはここを出発点に、話を進めていこう。

もし、あなたが「自分はそれなりの暮らしができれば十分だ。成功なんか考えていない」と思っているとしても、話は同じことだ。

なぜなら、その**〝それなりの暮らし〟こそが、あなたにとっての「成功」**なのである。

たしかに控えめではあるけれど、少なくとも「下流」や「負け組」にはなりたくないと思っているわけだ。

さて、それで**あなたは自分の成功について、どれくらい真剣に考え、実行に移しているのだろう。**

ひとつ例を挙げよう。

漫画家という職業柄、僕の元にはアシスタント志願の若い人たちがたくさんやってくる。彼らはみんな「将来は漫画家になりたい」と思っているわけで、まさに典型的な「成功を夢みる人」であるはずだ。

そして僕は、彼らを面接するときには「これまでに漫画を描いたことは？」と質問することにしている。

すると驚いたことに「まだ漫画を描いたことがありません」という人が、意外なほど多いのだ。

「えっ？　描いたことがないって、漫画家になりたいんじゃないの？」

「はい。でも、まだ技術が足りないので、描いていません。でも、ここで修業させてもらえれば、描けるようになると思います」

これが僕にはわからない。

はっきり言って、漫画なんて紙と鉛筆があればいつどこででも描ける。修業だなんて悠長《ゆうちょう》なことを言ってるヒマがあったら、さっさと自分の作品を描いてしまえばいい。そして新人賞に応募するなり、プロに見せるなりしてみればいい。だって、それがなによりも手っ取り早い修業になるんだから。

好きな漫画家さんの下で働いて、プロの仕事ぶりを目の当たりにする。これ自体は悪いことだとは思わないけど、それは「描かない理由」にはならないだろう。

これは漫画家のアシスタントに限った話ではない。

ああなりたい、こうなりたい、もっとやりがいのある仕事がしたい、と口では大きなことを言いながらも、実際にはなにも行動しない。

そして、いつまでも「いつかそのうちやろう」とか「チャンスが来たらやるんだ」と考えている。

なんてバカげた話なんだろう。これは断言してもいいことだけど、「いつかそのうち」の夢なんて、絶対に実現しないまま終わってしまう。

ましてや「チャンスが来たら」だなんて、勘違いも甚《はなは》だしい。

もしチャンスが残されているとするなら、やるタイミングは「いま」なのだ。いや、本当は「いま」でも遅すぎるくらいなのだ。回り道してるヒマなんて、どこにもない。きっと『ドラゴン桜』の主人公、桜木建二ならこう言うだろう。

「成功は最短距離でつかめ!!」

そして続けるはずだ。

「遠回りなんかしてたら成功は逃げていく。最短距離で追いかけるからこそ、成功できるんだ!!」

たしかに、そのとおりなのである。

◎成功には『型』がある

それでは、成功への近道とはどんな道だろう。

どうすれば手っ取り早く、合理的に、そして確実に成功を手にできるのだろう。

才能?

そんなもの、大して重要じゃない。

これについては、僕には確固とした答えがある。

とにかく、キレイに舗装《ほそう》された高速道路を走ることだ。

近道はウロウロと探しまわるものではないし、自分で果敢《かかん》に切り開いていくものでもない。あらかじめ誰かが整備してくれた道路を、猛スピードで走り抜ける。それに勝る近道はないのだ。

こんなことを言うと、大抵は拍子《ひょうし》抜けされるのだけど、具体的な例を挙げるとわかりやすくなるだろう。

たとえば、箸《はし》で焼き魚を食べるとき。

魚の身をキレイに残さず食べようと思うなら、とりあえず「正しい箸の持ち方」をマスターするに限る。

決してオリジナルの「もっといい持ち方」や「自分ならではの持ち方」を模索してはいけない。そんな試行錯誤《しこうさくご》は、もうとっくの昔に先人たちが終わらせていて、「箸の持ち方はこう！」と決まっているのだ。

いま「正しい持ち方」とされているものは、先人たちが試行錯誤した結晶としての

『型』なのである。

もっとわかりやすい例を挙げよう。

お金やスケジュールなどを計算しているとき、ときおり計算ミスをしてしまうことがある。下手をすると、単純な1ケタの足し算引き算さえも間違えることがあるから困ったものだ。

ところが、これが1ケタのかけ算になると、まず間違えることはない。

なぜなら、1ケタのかけ算は「九九」として身についているからだ。

まさに理屈抜きの丸暗記、ひとつの『型』として憶《おぼ》えてしまっているから、反射的に正確な計算を完成させることができる。

なんとなく理解できてきただろうか。

箸の持ち方やかけ算の九九だけではなく、仕事から勉強、そして人付き合いまで、あらゆる場面に『型』は用意されている。

その『型』をいち早く探し当て、自分のものとして身につけられるかどうか。それだけが、最短距離で成功するための条件なのだ。

僕の代表作になった漫画『ドラゴン桜』は、偏差値30台の高校生が1年で東大合格をめざすという、かなり無謀《むぼう》なストーリーだ。勉強もできなければ、夢も根性もない。そんなダメ高校生が東大合格をめざすのだ。

ただ、それが無謀なチャレンジだからこそ、彼らには徹底的に『型』を叩き込む。個性や自主性、独創性とかいった甘い言葉もなければ、魔法のようなウラ技もない。受験の傾向と対策を踏まえた反復練習で『型』を身につけるだけだ。

そしてこれは、僕自身についても言えることである。

僕の漫画には『型』があるし、新しいストーリー展開や奇抜なアイデアを考える方法にも『型』がある。

難しく考える必要はない。

成功したいなら、結果を出したいなら、とにかく『型』を身につけることだ。

◎誰もが『型』を求めている

書店に足を運んでビジネス本のコーナーに目をやると、「成功できる本」や「仕事がうまくいく本」が所狭しと並んでいる。

経営の極意を教える本、営業成績を上げる本、企画力をつける本、コミュニケーション能力を高める本、英語が上達する本、脳を鍛《きた》える本、株でガンガン儲ける本など、その種類はさまざまだ。

どうしてこうしたビジネス本が人気なのだろうか？

みんな仕事が大好きで、しかも勉強熱心ということなのだろうか？

違う。全然違う。

まず、これらはすべて仕事や勉強の本ではない。

はっきり言ってしまえば、「こうすれば簡単に成功できる」という『型』を紹介するための本だ。

それが売れるということは、実はみんな『型』を探しているのだ。

そしてここが大事なのだけど、**できればみんなラクをしたい**のである。

ほかの人たちが一段ずつ階段を上っているところを、自分だけはエスカレーターで進みたいのである。

僕はこれを、まったく悪いことだとは思わない。

少しでもラクをしたいと思うのは当然だし、階段とエスカレーターがあるのなら迷わずエスカレーターに乗る。遠くに出かけるのだって、各駅停車の私鉄線よりも新幹線のほうがいい。いっそのこと、自家用ヘリがほしいくらいだ。――みんな、それが正直な気持ちではないだろうか。

ラクをしたいと思うのは、なんら恥じることのない当然の欲求だ。

だって考えてほしい。ラクをすることとは、作業を効率化させることとイコールなのだ。ムダを省いて効率を上げることの、いったいなにが悪いというのだろう?

正直になって「俺はラクをしたいんだ」と言ってしまおう。

そして、「ラクして成功するための『型』がほしいんだよ」と認めてしまおう。

そこをあいまいにしたままでは、先へは進めないのである。

個性的な人生なんか捨ててしまえ

◎個性なんかいらない!!

身もフタもない言い方かもしれないけど、そもそも僕は世間一般で信奉《しんぽう》されている「個性」というやつを、あまり信用していない。

誤解を承知で言うなら、「個性なんかいらない!」というのが僕の率直な意見だ。

もちろん、誰にだって個性はある。

その人ならではの長所があり、短所があり、数えきれないほどのクセがあり、その人だけが歩んできた人生というものがある。これはまさに個性だ。

しかし、長所にせよ短所にせよ、あくまでも第三者が客観的な視点から評価するものので、なかなか自分で判断できるものではない。

だからこそ、漫画家には編集者がついているわけだし、ミュージシャンにはプロデューサーがいる。彼らが第三者として的確なアドバイスをしてくれるからこそ、作家たちは自分の長所を最大限に活《い》かした作品をつくることができるのだ。

それを自分ひとりで「ほら、俺ってこういうヤツだから」「これがわたしのチャームポイントだし」などと決めつけるのは、いかにも厚顔無恥《こうがんむち》というか、かなり押しつけがましい話である。

自分で考える自分の長所、あるいは自分ならではの個性なんて、ほとんどの場合が「こうありたい自分」の姿でしかない。そんなものを押しつけられるのは、周囲からすれば迷惑千万だ。

だから、わざわざ個性的であろうとすることはやめよう。

あえて人と違ったことをすることもないし、カッコつけて中途半端なアウトローを気取ることもない。

まずは基礎を、つまり他人と同じことをやっていけばいい。

本当の個性とは、他人と同じことをやっていく中でこそ、明らかになってくるもの

なのだ。周囲と同じことをやっていく中で、違いを見つけ、そこを伸ばし、自分のものにすること。それが個性なのである。

そもそも「俺って個性的」をアピールしている連中ほど、見事に没個性であるものだ。

たとえば、「本当の自分を探すため」とか言って、インドあたりに出かける連中。もう、その「インドに行けばなにかがある」と思っている時点で、救いようがない。しかも、インドに行った程度で「自分は特別な体験をした」「自分は個性的なヤツだ」なんて思っているようでは、話にならない。

また、こんな笑い話を聞いたことがある。

新卒採用の面接で、ある学生が自慢気に「僕は大学時代、ホノルルマラソンに参加しました」と言った。彼にとっては、それが個性の象徴だった。

ところが、そのとき一緒に面接を受けた別の学生二人も、やはりホノルルマラソンに参加していたのだ。

つまり、みんなホノルルマラソンをネタに「個性的な俺」をアピールしようとしていたというわけである。

これは漫画家がアシスタントを雇《やと》うときも同じなのだが、**採用する側は学生に中途半端な個性なんか求めていない。**これ見よがしな「俺」を誇示《こじ》する面倒くさいヤツよりも、真面目で誠実な学生が来てくれれば、それが一番なのだ。

つまらない個性幻想は捨ててしまおう。

個性にこだわるあまり、余計な回り道をするくらいなら、さっさと『型』を身につけよう。そして最短距離で成果を上げよう。

そもそも個性なんてものは、意識しなくても後からついてくるのである。

◎「普通」ほど難しいものはない

あなたは「普通」という言葉を聞いて、どんなイメージを思い浮かべるだろうか。

普通のサラリーマン、普通の収入、普通の身長、普通の顔、そして普通の人間。

こうして並べてみると、いかにも普通であることが悪であるかのような、無能であるかのような印象を受けるかもしれない。

でも、実際は「普通」こそが難しい。

世間で「普通」と呼ばれていることができないからこそ、われわれは失敗してしまうのだ。

たとえば、甲子園をめざしている高校野球のピッチャーで考えてみよう。

ストレートは普通。カーブやスライダーの変化球もそこそこ。身長も平均レベルだし、これといった特徴のないピッチャーがいる。

それでは、彼はエースとしてピッチャーズマウンドに立つ資格なんかないのだろうか？

そんなことはない。

はっきり言って高校野球の県大会レベルなら、「普通」に外角ストレートでストライクが取れれば十分に通用する。むしろ、ピンチに追い込まれたとき、どうしても「普通」になれないから、打たれてしまうのだ。どんなときでも「普通」でいられたら、そうそう打ち込まれることはない。

サッカーにしたって、世界トップレベルの選手たちが、ワールドカップなどのＰＫ戦ではいとも簡単に外してしまう。ＰＫなんてただ「普通」に蹴《け》れば入るはずなのに、それができないのだ。

「普通」を発揮することは、意外に難しくレベルの高いことなのだ。

これは仕事についても同じことが言える。

仕事の中でいつも「普通」レベルの能力を発揮することが、どれだけ大変か。合格点を出し続けることが、どれだけハードルが高いことか。

われわれが仕事でミスをするとき、それは9割以上が「普通のことができなかった」結果なのである。それ以上の難しいことを期待されることなんてほとんどないし、仮にそこで失敗したとしてもミスとは思われない。

だから僕は、アシスタントの若い子たちに、いつも「普通の漫画作品を描け」と言っている。

ちゃんと「普通」レベルで描けば雑誌に載せてもらうことはできるし、それを重ねていけば個性なんて後からついてくる。いきなり世間をひっくり返すような大傑作を描こうとするから、「普通」レベルにさえ達しないのである。

もし、あなたが「普通のサラリーマンによる普通の生活」をバカにしているなら、即刻考えをあらためるべきだ。

普通に働き、普通に稼《かせ》いで、普通の車を買って、普通の家に住み、普通に貯金しながら、普通の家庭を築く。特に借金があるわけでもないし、犯罪を犯しているわけでもない。夫婦関係や親子関係も普通に円満である。

これらをすべて満たしているとすれば、もうそれは大成功と言ってもかまわない。それができないから、みんな苦しんでいるのだ。

僕の漫画『ドラゴン桜』でも、生徒たちは「普通」にしか勉強しない。そこには手品も超能力もないし、生徒たちには生まれついての才能さえない。

誰だって「普通」に勉強すれば、東大でも合格できるのだ。

要は、その「普通」を間違わないことだ。

◎パイオニアよりも2番手を狙え!!

成功を夢みる人たちは、概してロマンチストであることが多い。

尊敬する人といえば、織田信長や坂本龍馬のような異端《いたんじ》児的な英雄ばかりで、間違っても家康の名前などは出てこない。

そして自分も彼らのように異端児であろうとしたり、ほかと違ったことをやろうとしたりして、ジタバタするのだ。

僕の考えからすれば、これはまったくナンセンスである。

たしかに、こうした異端児や先駆者たちを抜きにして歴史を語ることはできない。彼らの活躍があったからこそ、世の中は大きく前進していった。その功績を否定するつもりなんかまったくない。

しかし、信長にしても龍馬にしても、結局は志半ばにして夢破れた悲劇の主人公だ。読み物としては面白いかもしれないけど、**成功への最短距離を探るための人物を探すのなら、圧倒的に家康的思考であるべきなのだ。**

つまり、わざわざ信長や龍馬のような時代の先駆者になろうとせず、2番手3番手を狙うのである。

先駆者になると、さまざまな困難がつきまとう。

前例もないし、進むべき道もわからない。たとえるなら、密林の中でナイフ片手に道を切り開きながら進むようなものだ。もちろん、失敗や挫折《ざせつ》、回り道もたくさん待っているはずだ。

ところが、2番手3番手にはそのような心配はまったくない。すでに先駆者がつくってくれた道を、安心して進めばいいのである。

正直な話、先駆者として成功をおさめることができるのは、ごく一部の天才たちに限られている。

そして、少なくとも僕は天才ではない。また、これは失礼な話かもしれないけど、きっとあなたもそうだろう。僕もあなたも「普通」なのだ。

しかし、悲観することはない。**僕たちの目の前には、天才的な先駆者たちが残してくれた『型』がある。**これを使えば、普通の人間でもどうにか形だけはゴールすることができるのである。

パイオニアをめざすのはやめよう。2番手3番手をめざし、先駆者の残した『型』を見つけることも、ひとつの立派な才能なのだ。

まずは中流をめざせ

◎自分に見切りをつけろ!!

最近、やたらと「格差社会」や「勝ち組」「負け組」といったキーワードを耳にするようになってきた。

新聞などで語られるところをまとめると、次のようになる。

かつて「一億総中流」と呼ばれた日本社会に、いま大きな地《ち》殻《かく》変動が起きている。

そしてこれからは、ごくひと握りの「勝ち組」と、その他大勢で構成される「負け組」に二極化された社会になっていく。

いわゆる格差社会というやつだ。

また、ここから「一億総中流」ならぬ「一億総下流」とでも呼ぶべき社会へと変化することさえ危惧《きぐ》されている。

これは僕にとって、ある程度納得できる話だ。

なぜなら、漫画家という職業ほど、二極化された世界もないからである。「食える」漫画家と、「食えない」漫画家は、もう完全に二分されている。

そして漫画家にとって、勝ち組と負け組を分けるボーダーラインは、ただひとつ。

それは「漫画誌に掲載されるか、されないか」である。

どれだけ絵がうまくても、どれだけ高尚《こうしょう》なテーマの作品であっても、掲載されなければプロとして意味をなさない。ご飯が食べていけない。

逆に言えば、「このレベルが描ければ雑誌に載る」という標準クラスの作品が描ければ、掲載され、原稿料がもらえ、生活ができる。とりあえず、プロとしての第一関門は突破できるわけである。

ここから、僕はひとつの結論を導き出している。

僕の漫画を読んだことのある人ならわかるだろうけど、プロの漫画家として考えたときの僕の絵は、はっきり言って下手だ。アマチュアの中にも、僕より上手な絵を描ける人はゴマンといるだろう。ただ、漫画誌に載るために必要な最低限のレベル、読者に受け入れてもらうだけの最低限のレベルはクリアできていると思っている。

だったら、あとはストーリーやキャラクターの魅力で勝負すればいい、というのが僕なりの結論だ。画力に関しては、いい意味での見切りをつけていて、合格点が取れればそれで十分なんだと思っている。


これはきっと、一般の会社でも似たことが言えるはずだ。

たとえばシャイで人見知りの激しい人が、営業をやっているとする。

もちろん彼は、自分の人見知りを改善しようと努力するだろう。ひょっとすると話し方スクールに通ったり、自己啓発セミナーに参加したり、セラピーを受けたりするのかもしれない。

しかし、人見知りは性格や資質の問題なのだから、どんなにトレーニングしたところで、抜本的な改善をするのは難しい。

それなら、**対人能力は「そこそこ」で見切りをつける。**

そして、あとは商品知識やマーケティング能力で勝負すればいい。

実際、ペラペラ喋《しゃべ》るだけの営業マンよりも、そうした実直で知識の豊富な営業マンのほうが重宝《ちょうほう》される場合もあるのだ。

あるいは、プレゼン用の資料をつくるときでも同じである。

文句のつけようがない完璧なプレゼン資料なんて、そうそうできるものではない。

クライアントの性格や好みによっては、どんな立派なプレゼンでもまともに耳を傾けてもらえないことさえある。

そうであれば、ひとつの案にあまり時間をかけてはいけない。合格点がとれる「70点レベルのA案」ができた段階で、バサッと見切りをつけたほうがいい。

そして、余った時間でA案が却下された場合の対案を2つ3つ用意する。

このほうが、練りに練ったA案のみで勝負するよりもずっと賢明なのである。

100点をめざすこと、誤った完璧主義におちいることは、逆に自分の可能性を限定してしまいかねない。

捨てる勇気、見切る勇気を身につけることが、より大きな収穫をもたらすのだ。

◎『型』があってこそ「型破り」になれる

きっと、世間の人たちがなかなか素直に『型』がほしいと言えない背景には、次のような思い込みがあるのだろう。

「才能がないヤツだけが『型』を求めるんじゃないの？」

「おおっぴらに『型』がほしいなんて言っているヤツは、自分がいかに無能なのかを公言しているようなもんだ」

「大きな成功をおさめるような人は、みんな型破りだ。小さな『型』にはまっているようでは、小さくまとまるだけだ」

なるほど、一見なかなか立派な意見のようだけど、どれも正しくない。

まず、「才能がないヤツだけが『型』を求める」という意見。

これは多くの人が誤解しているところだけど、本当に才能がないヤツは『型』など求めない。**むしろ才能がないヤツほど、自分の「秘められた才能」を信じている。**

そのため『型』にはまること（たとえば就職など）を極度に嫌い、ずるずるフリーター生活を続けながら自分の才能が花開く日を待っている。

その点、ちゃんと『型』がほしいと言える人、『型』にはまることができる人は、いい意味で身の程を知っている。

ありもしない「秘められた才能」などに頼ろうとせず、もっと確実な『型』を選んでいるのだ。

そして「大きな成功をおさめる人は、みんな型破りだ。小さな『型』にはまっているようでは、小さくまとまるだけ」という意見。

これは話をスポーツの世界に置き換えるとわかりやすい。

たとえば、独特のトルネード投法で日米を席巻《せっけん》した野茂《のも》英雄《ひでお》投手、あるいは振り子打法のイチロー選手。そして一本足打法の王貞治《おうさだはる》さん。

彼らのフォームは、いかにも型破りだ。

われわれシロウトはもちろん、他のプロ野球選手が真似《まね》しようとしても、なかなかできるものではない。

それでは、どうして彼らはあんなフォームで剛速球を投げ、またヒットやホームランを量産することができるのだろう？

答えは簡単だ。

彼ら超一流のプレーヤーたちは、誰よりもしっかりとした基礎ができているのだ。

基礎がしっかりしているからこそ、応用もできる。基礎のない応用なんてありえないのである。言葉を変えるなら、基本となる『型』を身につけているからこそ、それを進化させた「型破り」ができるのだ。

そして彼らがすごいのは、その「型破り」を応用レベルに終わらせず、新しい『型』にまで昇華させているところである。

ともあれ、**『型』の習得というファーストステップを無視して「型破り」を試みたところで、なにひとつ成功しない。**

たとえば、漫画『ドラゴン桜』で紹介されるさまざまな勉強法も、「型破りな勉強法だ」と言われることがある。

けれど、それは表面上の話にすぎない。ちゃんと読んでいただければ、驚くほど『型』に忠実な、手堅い勉強法であることがわかってもらえるはずだ。

もう、ずいぶん先入観も溶けてきただろう。

これからは自信を持って『型』にはまってほしい。

自分の実力を勘違いせず、成功を確実なものにするために。

そして、真の意味での「型破り」になるために。

第1章のまとめ

1 最短距離で追いかけるからこそ、成功できるんだ!!
2 成功したいなら、とにかく『型』を身につけろ!!
3 つまらない個性幻想は捨てろ!!
4 普通のことを、普通にできるようになれ!!
5 先駆者になるな、2番手3番手をめざせ!!
6 『型』を身につけたヤツだけが、「型破り」になれる!!

第2章 企画もアイデアも『型』でつくられる!!

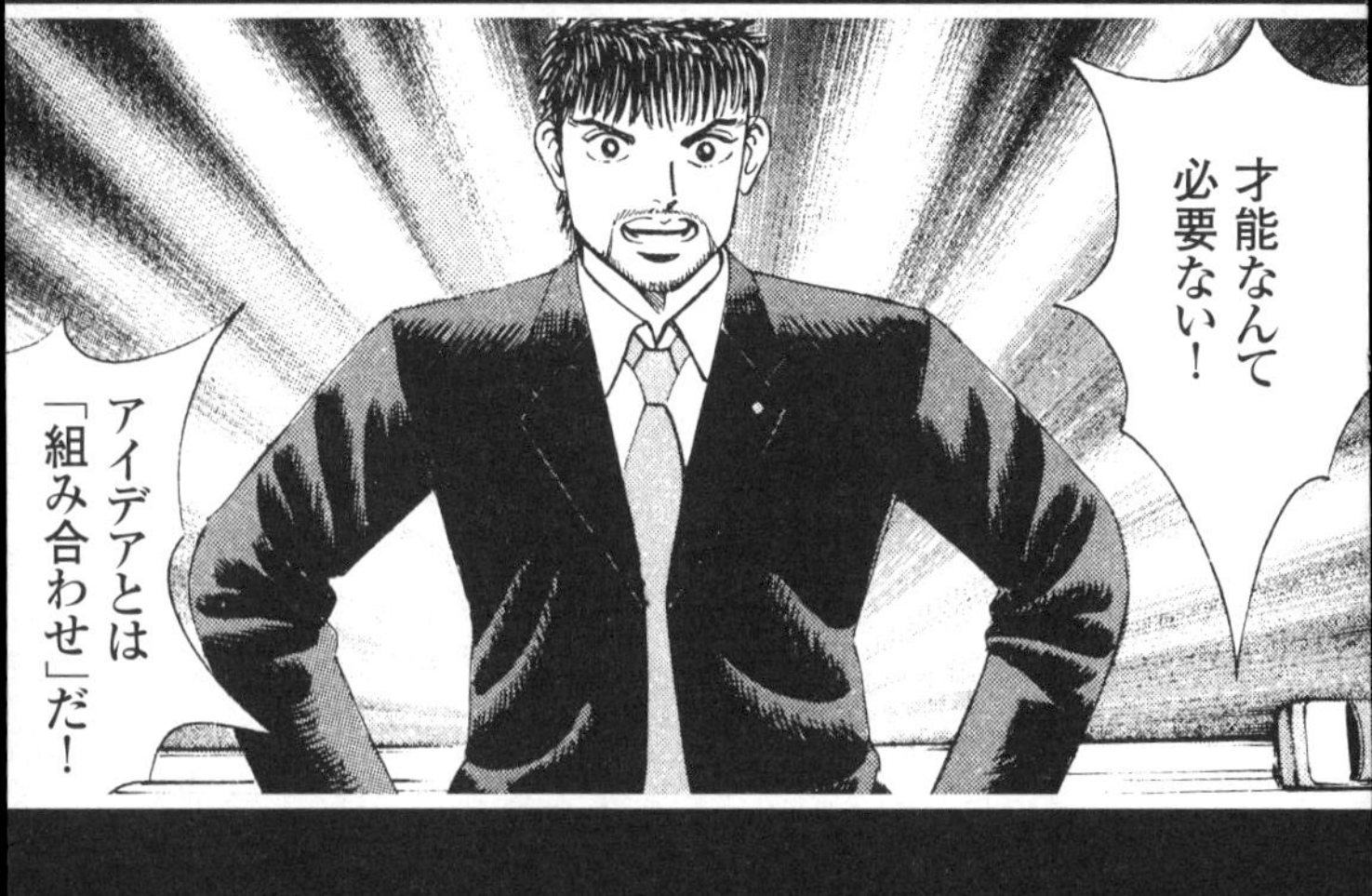

才能なんて必要ない!
アイデアとは「組み合わせ」だ!

人をコピーして得た
実績を、
誇ってはいけないのか？

アイデアに才能はいらない

◎創造とは「組み合わせ」だ!!

創造力や発想力という言葉に、あなたはどんなイメージを思い浮かべるだろう。
もしかすると、「自分にはアイデアを出す才能がない」とあきらめている人もいるかもしれない。だとすれば、それは大きな間違いだ。

漫画家という仕事柄、僕は毎日のように創造力や発想力が求められている。
主人公たちが発する斬新《ざんしん》なメッセージ、読者の予想を裏切るようなストーリー展開、登場人物の意外なキャラクター設定などなど。

こうしたアイデアが枯渇《こかつ》した時点で、その漫画は寿命を迎えてしまう。それどころか、僕自身が失業してしまう可能性だってある。

しかし、正直なところ僕に「アイデアが出なくなったらどうしよう？」なんて気持ちは、まるっきりない。

アイデアにせよ企画にせよ、天才の領域にあるものではないからだ。

アイデアなんてものは、才能の有無に関係なく、いくらでもつくりだすことができる。

なぜならアイデアの生産には『型』がある。それが僕の持論だ。

この点について、ゆっくりと説明しよう。

まず、どんな斬新なアイデアでも、ゼロから生み出されるものなどない。

エジソンの電球からｉＰｈｏｎｅまで、あらゆる発明は元となるなにかがあり、そこにプラスαのなにかが加わった結果生まれたものだ。

つまり、アイデアとは「組み合わせ」なのである。そして、それが意外な組み合わせであればあるほど、アイデアの斬新さは高まることになる。

たとえば、僕の『ドラゴン桜』にしてもそうだ。

ちょっと考えてもらえばわかるだろうけど、この漫画の「破天荒《はてんこう》な教師がダメ高校生を鍛え上げ、夢の実現に導いていく」というストーリーそのものは、スポ根漫画ではさほど珍しいものではない。実際、僕自身も『クロカン』（日本文芸社）という高校野球漫画で監督を主人公にしてまったく同じ作品を描いたことがある。

しかし、そこに「東大」という意外な要素を組み合わせた結果、『ドラゴン桜』は新しいタイプの漫画として受け入れられた。

これは天才的にひらめいたアイデアというよりも、ジグソーパズルにも似た組み合わせの作業だ。

おかげで、僕は自分を天才だと勘違いすることもないし、だからといってアイデアの枯渇を心配することもしないで済んでいる。

より多くの素材を探し、組み合わせのバリエーションを変えていけば、アイデアなんて無尽蔵《むじんぞう》に出てくるはずなのだ。

だから、**企画力や創造力に自信がないという人は、この「アイデア＝A＋B」の公式を頭に入れておこう。**

新しい企画について考えるとき、ただぼんやりと「面白いアイデアが浮かばないかな」と物思いにふけるのでは、なにも生まれない。

アイデアとは天から降ってくるものではないのだ。

あくまでも「組み合わせ」を意識しながら考えるようにしよう。

そして、組み合わせに使う材料は、既存の素材で結構。

もっと言えば、パクリでも大丈夫だ。

パクリとは盗作とは違う。ただ描き写すだけの盗作に対して、僕の言うパクリとは、**「抽出して、解体し、再構築する」**作業だ。

アイデアの価値は「組み合わせ＝再構築」にあるのだから、組み合わせる要素が使い古しのものだろうとパクリだろうと、まるで関係ないのである。

◎オリジナル幻想を捨てろ

アイデアとはなにかを知るために、今日から一週間、テレビのゴールデンタイムを注目してみてほしい。

そうすると、ほとんどすべての人気番組が「アイデア＝A＋B」の公式に当てはまることがわかるはずだ。過去にあったAという番組をベースに、Bという新しい要素をドッキングさせる。そうすれば、それなりに目新しくて面白い番組はできあがる。

もちろん、人気の漫画もそうだろうし、ハリウッド映画や音楽もほとんどがこの公式を守っている。

僕は、これが悪いことだとはまったく思わない。

たとえば、音楽をやっている人間がビートルズの影響から抜け出るのは不可能に近いだろう。直接ビートルズに触れたことのないような世代でも、自分が影響を受けたミュージシャンをずっとさかのぼっていけば、ご先祖《せんぞ》様はビートルズになるはずだ。

そこで、2つの選択肢が出てくることになる。

ひとつは、自分がビートルズ的存在になろうとする道。

そしてもうひとつが、ビートルズの影響下にあることを受け入れる道だ。

僕は音楽に関してはシロウトだけど、さすがにビートルズになろうとすることがどれだけ無謀な賭《か》けであるかくらい、理解できる。

はっきり言って、100年に1人の確率でしか成功しないだろう。

そんなことをするくらいなら、素直に影響を受けたと認めたほうがいい。

そしてバレない程度にパクってしまえばいい。

いいところだけをピックアップして、上手につなぎ合わせればいい。

つまり、なにが言いたいかというと「オリジナル幻想を捨てろ」ということだ。**本当の意味でのオリジナルになれる人なんて、多く見積もっても10年に1人、下手をすれば100年に1人の確率だ。**

ということはつまり、真のオリジナルになれる可能性なんて、ほとんどゼロなのである。われわれのようにビートルズになれない「普通の人」は、コピーから出発する以外にないのだ。

ただし、コピーは決して否定されるべきものではない。コピーをくり返すことによって、オリジナルにたどりつくというアプローチもあるのだ。

たとえば、いまよりもずっと画力に乏しかったデビュー前後の僕は、とりあえずコピーから出発した。

プロの漫画家さんたちの中から「これくらいの絵だったら真似できるかもしれない」と思う絵を探し出す。そしてひたすらコピーする。だから、デビュー当時の僕の絵は、いかにも借り物といった画風だった。

画力よりもストーリーやキャラクターで勝負したい自分にとっては、それで十分だったのだ。

そうしてどうにかプロとして活動しているうちに、次第に画風も変化していった。

自分なりのアレンジを加え、自分なりの法則をつくり、気がついたらデビュー当時とはずいぶん違った画風になっていた。

そんなに立派なものではないけれど、とりあえず「あ、これは三田紀房の絵だな」とわかってもらえるような、自分オリジナルの画風ができあがっていたのである。


自分の力が足りない部分はパクって補う。


アイデアが湧《わ》かないときには、ひとまず過去の成功パターンを組み合わせる。

そんな現実的な選択ができるようになれば、あなたも本物だ。

気がつけば、そこからオリジナルが生まれるのである。

◎まずは「コード」を憶えろ!!

ビートルズのついでに、もう少し音楽の話をしてみよう。

ジャズやブルースの醍醐味《だいごみ》のひとつに、インプロヴィゼーション、つまり即興演奏《そっきょう》というものがある。

これは、熟練のミュージシャンがその場のノリやひらめきで作曲したり編曲したりしながら、自由に演奏するものだ。

われわれシロウトが驚かされるのは、彼らが一見自由気ままに弾《ひ》いているように見えて、実際にはバンド全体としてしっかりとまとまっていることだ。決してバラバラのノイズにならず、調和がとれているのである。

これは、各ミュージシャンが一定のコード進行にしたがって即興の演奏をしているから成立している。もしもコード進行という約束事がなければ、互いの音がぶつかり合って大変なことになるだろう。

自由の象徴のような即興演奏でさえ、コードという『型』によってつくられているのだ。

この事実は、なかなか示唆《しさ》に富んだものではないだろうか。

たとえば、学生時代にギターを買って、3ヵ月もしないうちに挫折《ざせつ》したという人は多い。

彼らにどうして挫折したのか聞いてみると、大半が「Fのコードが押さえられなかった」といった理由のようだ。

きっとコードを憶えられるかどうかが、ギター習得の第一関門なのだろう。

その単純な理屈がわからない人に限って、コードも憶えようとせず、「そのうちギターの神様が降りてこないかな」といった夢をみる。

あるいは反対に、「俺には才能がないんだ」とあきらめる。

はっきり言って、コードも弾けないギタリストなんてどこにもいない。リフティングができないサッカー選手がいないように、そんなものは当然クリアしておくべきステップで、才能以前の問題だ。

物事には順序というものがある。まずはコードを憶えること。個性だの才能だのを考えるのは、その後だ。

これは音楽に限らず、**たとえば自分の仕事における「コード」はなんなのか、じっくり考えてみるといい。**意外とそこの部分をおろそかにしているのかもしれないのだ。

コピーでいいから結果を出せ

◎胸を張ってベタな王道を歩め

アイデアが『型』によってつくられるように、そして即興の演奏にも「コード」があるように、売れる漫画にはあるパターンが存在している。

僕がまがりなりにも漫画で生計を立てられるようになったのは、ひとえにこのパターンを守ってきたからである。

たとえば、テレビで「今日、〇〇地方の伝統行事である、××祭りが開催されました」とか「〇〇美術館が開館され、関係者によるテープカットがおこなわれました」といった退屈なニュースが放送されていたとき、あなたはどれくらい関心を持てるだろうか。

良くも悪くも、われわれは刺激を求めて生きている。刺激のないニュースには関心を持ちにくいし、ましてやお金を払って読む漫画となればなおさら刺激が必要だ。そして、**もっとも刺激を生み出す要素といえば、「ケンカ」すなわち「対立」である。**

２００５年の郵政解散にしても、当時の小泉首相が造反組《ぞうはんぐみ》を追放し、さらに刺客《しかく》まで送り込んで徹底的にケンカさせた。そのおかげでニュースもワイドショーも選挙一色だったし、自民党が圧勝した。

これと同じように、売れる漫画には必ずケンカの要素が盛り込まれている。

ひと口にケンカと言っても、別に殴《なぐ》り合うばかりがケンカではない。

たとえば、主人公と宿敵のライバル関係、親と子の対立、教師と生徒のいがみ合い、理論や理念のぶつかり合い、もっとスケールの大きな漫画なら国と国、あるいは地球人とエイリアンの戦争。

これらの対立やケンカがあってこそ、漫画に熱い血が宿るのだ。

しかし、いつまでもケンカばかりしているのでは物語に深みが出ない。

そこで大切になるのが第二の要素、「葛藤《かっとう》」である。

ケンカや対立の中で、ふと孤独に襲《おそ》われる。

また、迷いが生じてくる。

自分の選択はこれで正しかったのか、自問自答する。

あるいは、目的を達成するためにあえてイバラの道を突き進む。

いくつかの挫折を経験して、逃げ出したくなる。

そうした心の葛藤を描くことができれば、登場人物の人間臭さも表現できるし、読者が感情移入しやすくなる。物語全体がグッと重みを増すのである。

そして、葛藤を経てやってくるのが「和解」だ。

意外かもしれないけど、ケンカの勝敗はどちらでもいい。ストーリー展開によっては、主人公が負けたほうがいい場合だってある。

それよりも、対立が解消されて相手と和解することのほうがずっと大切だ。

これがないことには、たとえ勝ったとしてもどこか釈然としない、後ろめたさや後味の悪さが残ってしまうのである。そしてもちろん、和解を感動的に描ければ、それに越したことはないだろう。

以上のような「対立」↓「葛藤」↓「和解」を踏まえた物語にすれば、まず失敗することはない。これはある意味で王道であり、売れる漫画の『型』なのである。

ただ、漫画家を志す人たちの中には「自分は個性的なんだ」という自負心が強いせいか、素直にこの王道を選べない人がいる。

要するに、ベタなことはやりたくない、というのである。そして結局は「ああでもない、こうでもない」と考えあぐね、なかなか世に出ることがないのだ。

僕の感覚からすれば、これはとんだ大間違いだ。

理由は簡単で、**王道にのっとったストーリーは単純に面白い**のである。読者にしても、風変わりな漫画を求めているわけではなく、ただ面白い漫画を求めているはずだ。むしろ作者のエゴばかりがちらつく作品なんか、少なくとも僕は読みたいと思わない。

ちょっと視点を変えて、別の仕事で考えてみよう。

たとえば会社の近くに、新しいカレー屋ができたとする。ところがそのカレー屋が、店主のこだわりやらでマトン（羊）を使ったカレーしか扱っていないとしよう。

しかも、その味が「まずくはない」程度のものだったとしよう。

それであなたは、その店主の「こだわり」を許せるだろうか？

「能書きはいいから、普通のビーフカレーを食わせろ」

「俺はカツカレーが食いたいんだよ」

そう怒りたくならないだろうか？

どんなにベタな王道メニューだろうと、うまいものはうまい。これは当たり前の話で、**自分勝手なこだわりなんか前面に出してほしくない**のである。

われわれ「普通の人」は家庭的なカレーが好きだし、ご飯と味噌汁が好きだし、ラーメンも大好きだ。王道を否定することは、これらのメニューを否定するのと同じである。個性を極める前に、まずは王道メニューで勝負しよう。

◎発明よりも「模倣と応用」を

元来、日本人はパクることがうまい。

もっと上品な言い方をするなら、外国の価値観や製品を上手に取り入れ、それを自国のものとして発展させていく能力に長《た》けている。

たとえば、カレーもラーメンも、いまや日本人の国民食とさえ言える食べ物だが、もともとはどちらも外来のメニューだ。

しかし、現在では日本食としか言いようがないくらいにカスタマイズされ、独自の形で進化している。

そして自動車や家電製品などにいたっては、その割安な価格から高いクオリティまで、世界のマーケットを席巻しているといっても過言ではない。

これは漫画やアニメーションにしてもそうだ。

日本産アニメが「ジャパニメーション」として独自の地位を築いているように、日本の漫画やアニメーションは世界各国で大変な人気を誇っている。

これらは、いずれもとんでもない能力であり、日本人の長所だ。

ところが、どうしてもパクリから出発したことの劣等感《れっとう》から抜け出せない人もいる。

たとえば、最近でこそ聞かなくなったけど、かつてパナソニック（旧社名・松下電器産業）は「マネシタ」と揶揄《やゆ》されることがあった。

発明するのはソニーで、パナソニックはそれを真似た商品を出すだけだ、といった言葉だ。

そもそもパナソニックが本当に「マネシタ」だったのかどうかも疑わしいけど、仮に真似であったとしても全然かまわないと僕は思う。

誰が発明したとか、どっちが先だったかなんて話は、結局は開発者レベルの「業界ネタ」にすぎない。われわれ消費者からすれば、安くて性能のいい商品が手に入ればそれが一番なのだ。

なにかを発明することばかりに躍起《やっき》にならず、既存のアイデアを堂々とパクろう。

そして、それをどう応用していくかについて、もっと真剣に取り組もう。

われわれ日本人には、そうした「模倣《もほう》と応用」を得意とするDNAが宿っているのだ。どうしてそれを活用しないのだろう?

カレーを発明したインド人は偉いけど、そこからカレーうどんをつくった日本人も同じくらいに偉いのである。

◎どうして日本人は真似がうまいのか?

どうして日本人はこんなにも「模倣と応用」に長けているのだろう?

まず第一に考えられる理由は、なんでも飲み込んでしまう素直さ、寛容《かんよう》さ、そして柔軟性だ。

たとえば、東京ディズニーリゾートといえば、これまでに延べ4億5000万人以上の来場者を誇る国内屈指《くっし》の人気レジャー施設だ。

ところが、フランス・パリのディズニーランドでは、オープン以来ずっと業績不振が続いているという。それどころか「アメリカ文化の象徴」として敬遠され、開業時には市民らによる猛烈な抗議活動も起こったくらいである。

フランス人は、それだけ自国の文化を守ることに懸命だし、他国の文化を受け入れようとしない。これはフランスに限らず、欧米諸国全般に言えることである。

僕に言わせれば頭の固い、融通《ゆうずう》の利かないただの頑固者だ。

それに比べて、日本人のなんと寛容なことか。

これは別に、日本人に主体性がないということではない。

われわれは欧米の文化を積極的に取り入れつつも、いつしかそれを日本独自のものへと変化させる。

そもそも文字にしたって、中国から入ってきた漢字を平易なひらがなとカタカナに進化させていった民族だ。

いくら新しいものが入ってきたところで、ただ流されてしまうのではなく、むしろそれを利用して自分たちだけの文化に育てていく。そういう図太さ、ブレない強さを持っているのである。

そして、どうしてそんなことが可能なのかといえば、やはり『型』の存在ではないだろうか。

能や歌舞伎、茶道に柔道や剣道、そして大相撲まで、日本の文化は『型』によってしっかりと守られている。

たとえば日本の国技である大相撲の場合、日本人はハワイやモンゴル、ヨーロッパ出身の力士も喜んで歓迎する。なぜなら、彼らにはチョンマゲ（大銀杏《おおいちょう》）やふんどし（まわし）といった『型』に従うことが求められるからだ。

しかも大相撲では、部屋の食事までちゃんこという『型』があるのだから徹底している。彼らがその『型』に従っている限り、国籍や肌の色など関係ないのである。

もしも大相撲が「国際化」や「スポーツ化」という名目で、チョンマゲの自由化を認めてしまったら、その瞬間に大相撲の歴史は終わってしまうだろう。

どんなに強い日本人横綱が現れようと、もはやそれは大相撲ではなくなる。ただの「マイナーなスポーツ」になってしまうのである。

もちろん、『型』が残っているのはスポーツや芸術の世界だけではない。部屋の広さを「四畳半《よじょうはん》」のように畳《たたみ》単位で測るのも日本オリジナルの『型』だし、昭和や平成といった元号だって『型』のひとつかもしれない。

さらにはお盆なんて、なんの祝日でもないのに、誰もが当然のように会社を休む。法律よりも『型』が優先されるのだ。

こうした『型』が守られている限り、日本はビクとも動かないだろう。外国からなにが入ってこようと関係ない。むしろ貪欲《どんよく》に食べ尽くし、新たな『型』にさえしてしまうのである。

もっと積極的に『型』にはまってみよう。

その『型』があってこそ、外からの多様な価値観を受け入れ、自分をレベルアップさせていく人間になれるのだ。

すなわち「模倣と応用」の名人になれるのである。

常識のカーテンに火をつけろ

◎失敗をリサイクルしてみろ!!

どうしてもアイデアが出ない。

アイデアの素となる「組み合わせ」が思いつかない。

そんなとき、僕は**過去の失敗を洗い直す**ことにしている。

具体的には、過去にボツにした企画や、読みきりの短編につかったキャラクター設定などを組み合わせてみるのだ。

そうすると

「あっ、この展開で（別の漫画で使った）アイツみたいな男が出てくれば、もっと面白くなるぞ」

「あのとき使えなかったこのエピソードも、今回のこの場面では有効なんじゃないか？」

といった感じで、どんどん新しい組み合わせ、アイデアが生まれる。

つまり、過去の失敗をリサイクルするのだ。

もともとは自分が練り上げたアイデアだし、特にそれが一度失敗したものであれば、そのアイデアの良かった点、悪かった点がちゃんと理解できている。

それなら、**わざわざゼロから新しいことを考える必要もない。**

困ったときには、失敗という旧札の貯金を引っ張り出し、まっさらな新札に両替してしまえばいいのである。

実際の話、僕の『ドラゴン桜』や他の作品でも過去に試したアイデアをリサイクルした部分はたくさんある。

きっとこれは漫画の世界だけではなく、あらゆる分野で同じことが言えるはずだ。

たとえば、オイルショックの時代に省エネ運動の一環として「省エネスーツ」という半袖のスーツが提唱《ていしょう》された。しかし、ファッション的な観点からあまりにダサかったことなどが原因で、ほとんど普及しないまま終わった。

そしてこの数年で定着したのが、いわゆる「クールビズ」だ。涼しい格好をしてムダな冷房を控えよう、という理念そのものは省エネスーツからなにも変わっていない。ただ、半袖のスーツはダサすぎた、という失敗を教訓に「カッコよさ」を取り入れ、かなりの普及に至っている。

こんな例は、どこの業界でも簡単に見つけられるのではないだろうか。


また、こうやって「失敗はリサイクルできる」という意識が生まれると、アイデア不足の解消以外にも大きな効果が出てくる。

それは、**「失敗が恐ろしくなくなる」**ということだ。

新しいことにチャレンジすることが、怖くなくなるのである。

たとえ失敗しても、それは自分の貯金となり、財産となる。

将来、必ずそれが役に立つ日がやってくる。もしかしたら、古いものの中にこそ、新しいものが隠れているかもしれない。まさに「転んでもただでは起きない」の精神で、自分の失敗を何度でも再利用してやるのだ。

僕の目から見ると、いまの若い人たちは自分の過去を簡単に否定しすぎだ。そして失敗をあまりにも恐れている。

失敗してもクヨクヨせず次に進むことは大切だけど、過去を否定する必要なんかどこにもない。

自分の過去、つまり経験とは、徹底的に利用してこそ価値が出てくるものなのだ。

そのあたりを忘れると、簡単にアイデアが枯渇するし、柔軟な発想ができなくなってしまう。

◎『ドラゴン桜』式アイデアの出し方

本章の最後に、僕の発想術を紹介しよう。

僕が『ドラゴン桜』やそのほかの漫画を描くにあたって、どうやって「面白い」と思えるようなアイデアを出していくか、という話だ。

まず、面白いことを考えようとして、ただ「面白いアイデアが出ないかなぁ」と念じていてもなにも生まれない。

そして突拍子《とっぴょうし》もないこと、非常識なことを考えようとしても、なかなかうまくいかない。それではあまりにも漠然《ばくぜん》としすぎていて、イメージが浮かばないのだ。

そんなとき、僕は最初に「面白くない漫画」や「面白くない話」を考える。

たとえば、退屈な人のことを「あいつはまったく面白味がない」と評することがあるけど、変化がなく、常識的で、こちらの予想の範疇《はんちゅう》を一歩も超えないとき、われわれは「面白くない」と思う。

だから、「面白くない漫画」を考えるのは簡単だ。

ありきたりなことばかりを言ってる漫画は「面白くない」。

変化のない漫画も「面白くない」。

先が読めてしまう漫画も「面白くない」。

つまり、常識と一般論から抜け出せない漫画が、面白くないのだ。

そこで僕は、「面白くない常識」を思いつく限りピックアップする。

イメージとしては、ちょうど机の上に「面白くない常識」が書かれたカードがズラッと並んでいるような状態だ。

そして、ここからが勝負である。

机の上に並べられた「面白くない常識」を、モグラ叩《たた》きのように片っ端から叩きつぶしていくのだ。

Aという「常識」をつぶすには、どんな方法があるのか？

Bという「正義」をひっくり返すには、どんなところを攻めればいいのか？

Cという「多数意見」を否定するには、どんなロジックが必要か？

そうやって、つねに逆からアプローチしていくのだ。

すると、まるでオセロゲームで白と黒が反転していくように、いつも簡単に「面白いこと」が出てくる。

常識では考えられないような設定、常識ではありえないロジック、常識からは出てこない台詞《せりふ》がポロポロと生まれる。

あとは、そこから使えそうなカードをピックアップして、物語に乗せていけばいい。

もちろん、このとき叩きつぶす「常識」が大きければ大きいほど、それをひっくり返したときの収穫も大きくなる。

常識を十分に知り尽くした上で、あえて非常識を模索する。

そんな確信犯的な非常識のあり方について、世界のホンダを築き上げた故・本田宗《ほんだそう》一郎《いちろう》氏は「不常識」という言葉を使っていたという。

そして彼は、次のように語っていたそうだ。


「不常識を非真面目にやれ!!」


非常識ではなく、不常識。

不真面目ではなく、非真面目。

さすがは本田宗一郎、と膝《ひざ》を打ってしまうような言葉だ。

こんな姿勢で物事を見つめていれば、面白いアイデアなんていくらでも出てくる。

才能なんか関係ない。常識の裏側を見るだけでいいのだ。

あなたは日常の仕事で、漠然とした「こうするのが常識だもんな」「みんなやってるし、こうしなきゃいけないんだろうな」というイメージだけの常識を、そのまま受け入れてないだろうか。

きっと『ドラゴン桜』の桜木が上司なら、迷わずこう言うだろう。

「常識を疑え！」
「その常識をぶっ潰《つぶ》したヤツだけが成功できるんだ!!」

第2章のまとめ

1　企画やアイデアに才能はいらない!!

2　アイデアは「組み合わせ」でつくられる!!

3　ゼロからつくるな、まずはパクッてみろ!!

4　胸を張ってベタな王道を歩め!!

5　過去の失敗をリサイクルしろ!!

6　常識を凝視すれば、非常識が透けて見える!!

第3章 これまでの自分を崩せ!!

その『自分探し』で、
なにが見つかる?

これまでの自分を脱ぎ捨てろ

◎きみは「オンリーワン」じゃない!!

僕が嫌いな言葉のひとつに「オンリーワン」というものがある。

誰もが「たったひとり」の大切な存在なのだから、もっと自分の個性を大切にしなきゃいけない、といった感じで使われる言葉だ。

特に、若い人たちはこういう言葉に弱いだろう。

自分が特別な存在でありたいと思い、自分にはそれだけの力が秘められていると考えたがるのは、若いうちにはありがちな話だ。

しかも、最近は教育現場からポップソングまで社会全体が「オンリーワンのきみ」を大事にしろと言っている。

僕からすれば、そんな甘い幻想を与えるのは百害あって一利なしである。

はっきり言って、あなたは「オンリーワン」ではない。

いや、**少なくとも社会はあなたの「オンリーワン」など求めていない。**求めているのは、ただの「サムワン」なのだ。

これは逆に考えてみればよく理解できることだ。

たとえば、もしもある会社が「オンリーワン」の社員ばかりを求めているとしたら、その会社には社員の数だけポストがあり、異なった役職があることになる。

そうすると、誰かが風邪で休んだだけで、その会社は機能しなくなってしまう。もちろん退職なんてもってのほか。「オンリーワン」の仕事を穴埋めできる人なんて、誰もいないのだ。

そんな機能不全を起こさないためにも、会社はぼんやりとした括《くく》りでの「サムワン」を求め、彼らに「ほかの人間でもできる仕事」を与える。

これは会社に限った話ではなく、社会全体について言えることだ。

そして、これら「サムワン」をひとつの方向にまとめ上げるのが、本書でくり返し説明している『型』なのだと思って間違いない。

たとえば、会計士や税理士といった資格も、ひとつの『型』だ。

こうした『型』を持っていると、企業は「彼にはこれがこなせるんだな」と判断し、安心して採用することができる。

そして、もし彼らが退職してしまったら、同じ『型』を持った誰かを採用すればいい。業務はそれで回っていくのである。

すなわち、「オンリーワン」や「自分ならではの個性」にこだわっていたら、誰からも求められないまま、働く機会さえ失ってしまいかねないのだ。

ついでに付け加えるなら、われわれは「日本人」というだけで、すでにひとつの『型』にはまっている。

そして北海道に生まれた人は北海道民としての『型』が、沖縄に生まれた人は沖縄県民としての『型』がある。あるいは大阪に生まれた人には関西人という『型』もある。日本人である限り、自分だけが「日本でもなく、どの都道府県出身でもない」という、どこにも属さない人間になることはできない。

そうやって考えると、いかに「オンリーワン」という言葉が嘘《うそ》くさいものか、理解できるはずだ。

つまらないオンリーワン幻想に惑《まど》わされず、自分の『型』についてもう少し真剣に考えてみることだ。

◎自分の『型』を崩してみろ!!

自分がオンリーワンの存在ではなく、社会もそんなものは望んでいない。社会が望んでいるのは、なんらかの『型』にはまった人間だけだ。

こんなことを言われると、少しムッとしてしまうかもしれない。

ただ、これはとてつもなく素晴らしい話でもあるのだ。

たとえば、もし仮にこの世の中が、すべて自分の「オンリーワン」で勝負しなきゃいけないのだとしたら、どうなるだろう?

そうなったら、生まれ持った資質や才能だけが勝敗を分ける世界になる。

ひと握りの勝ち組と、その他大勢の負け組で構成される、完全な格差社会ができあがることになってしまう。

ところが、『型』には資質も才能も関係ない。

ただ、自分をその『型』にフィットさせていくだけの話だ。

つまり、**「オンリーワンの自分」を選ぶことはできないけど、自分の『型』だったら、いくらでも選べる**のである。

そして、漫画家を含めたほとんどすべての職業には、足りない才能を穴埋めしてくれるだけの『型』が、しっかり用意されているのだ。その『型』を見つけ、はまることができれば、希望の仕事に就くこともさほど難しい話ではない。

さて、そこで冷静に考えないといけないのが「どうやって『型』を身につけるか？」という問題だ。

自分が「こうなりたい」と思うような『型』があったとき、どうすればそれを身につけられるのだろう？

これについては、まず着ぐるみを想像してみよう。

たとえば、自分がいまクマの着ぐるみを着ているとする。ここでのクマの着ぐるみとは、あなたがいま現在はまっている『型』のことだ。

そして目の前に、ウサギの着ぐるみという新しい『型』が置いてある。

そろそろイメチェンしたい。ウサギのほうが女の子から人気がありそうな気がする。そういえば昔からウサギが好きだった。

そう思ったとき、まず第一にとるべき行動はなんだろうか？

ちゃんとイメージできていればわかるはずだ。

答えは「いまの着ぐるみを脱ぐこと」である。

着ぐるみの上から着ぐるみを着ることができないように、いまの『型』を壊してしまわない限り、新しい『型』を身につけることはできない。

新しい『型』を身につけることとは、これまでの『型』を壊すことなのである。

だから、どうしても『型』が身につかないという人は、ほとんどの場合がこの「いまの『型』を壊す」ことに失敗している。着ぐるみの上から別の着ぐるみを着ようとしているのである。

ある意味、好きこそものの上手なれで、『型』にはまることは簡単だ。

難しいのは、これまでの人生に染みついたガンコな『型』を崩《くず》すことなのである。

◎夢は本当に必要なのか？

無責任な大人たちは、子どもや若者たちに対して、それが当たり前のことであるかのような顔をして「若いうちは夢を持て！」と言う。

そして、夢を持つことの素晴らしさ、夢をかなえた人の偉大さ、夢をあきらめた人の悲惨《ひさん》さを、これでもかというほど説きまくる。

もちろん、こんなことを説いている大人たちの大半が、自分自身の夢については棚《たな》に上げている。

こんな風潮が正しいのかどうか、僕にはうまく判断ができない。

僕の率直な気持ちを言ってしまえば、

「夢って、本当に必要なのか？」

ということに尽きる。

それは多少オーバーだとしても、少なくとも大人たちが「夢を持て！」なんて押しつけるものではない。

僕が若いころは、しっかりとした**幸せの『型』**があった。

勉強をして、いい高校に入って、いい大学に入って、大きな会社に就職する。そんなレールの上を走っていけば、幸せが待っていると教えられてきた。会社の業種なんて関係ないし、営業でも事務でもなんでもいい。とにかく大きな会社に入れば、それで幸せな将来が約束されていた。

極端な話、就職課の先生から「ここに行け」と言われたら、「まあ、そこそこ有名な会社だし、これでいいか」と従うような状態だった。

そして結婚して、子どもをつくって、郊外に小さな家を買って、定年まで同じ会社でずっと暮らしていく。

面白いとか面白くないとか関係なしに、それがスタンダードな幸せの『型』だったのだ。きっと昭和40年代に思春期《ししゅんき》を過ごした人なら、素直に納得してくれるだろう。

ところが、いまの大人たちはただ「夢を持て！」と説く。

日本人は個性がないとか、そんなレールに乗っかってちゃダメだとか、いかにも若者たちの自意識をくすぐる言葉を投げかける。

そんなことを言われたら、なんとなく「人と違うことをしなきゃ」とか「普通の会社に行くようじゃダメだ」とか考えてしまう。とにかく「デッカイこと」を考えないといけないんだと思ってしまう。

ワケのわからない「夢」が、強迫観念となってしまうのだ。

その結果どうなるか？

「やりたいことがわからない」

「自分の夢がわからない」

「でも、普通の会社には入りたくない」

そう、フリーターやニートになってしまう。これは当然の流れだろう。

フリーターもニートも、ある意味では「夢」を押しつけた（あるいは商売として売りつけた）大人たちが生み出したものなのである。

その意味で僕は、終身雇用の年功序列制を大いに支持したい。

成果主義とか実力主義とか、カッコつけた言葉はいらない。いま必要なのは「これに乗れば大丈夫」というレールなのだし、それを可能とするシステムの再構築なのだ。

もちろん、利益を一箇所に集中させて再分配する終身雇用や年功序列というのは、ほとんど社会主義のようなものなので、怠けるヤツも出てくる。

だから、そこのチェック機能と再分配の方法さえしっかりしていれば、これほど日本人にピッタリなシステムもないだろう。


いい大学に行きたい。

大きな会社に入りたい。

そして出世のレールに乗っかりたい。


これは立派な夢だ。

漫画家をやってる僕が言うのもヘンだけど、アーティストになったり、マスコミ関係者になったり、ベンチャー起業家になるだけが夢ではない。

だから、**いま「夢を探している」「やりたいことを探している」「本当の自分を探している」という人は、もうその時点で人生を間違っていると思ったほうがいい。**

それは夢という言葉に足を縛られて、身動きが取れなくなっているだけだ。

夢は、必ずしも必要なものではないし、夢なんかなくても幸せになることはできる。

自分を押しつぶすだけの夢なら、とっとと捨ててしまうことだ。

こだわりを捨てれば身軽になれる！

◎素直に人の言うことを聞け

漫画家や作家を目指す人の中には、なかなか素直に人の言うことを聞けない人がいる。特に、これから本格的にプロとして活躍していこうという人たちの中に、このタイプは多いらしい。

具体的には、編集者からの「この部分をこう直してほしい」という要請を、受けつけようとしないのである。

たしかに、作者としては「そこを差し替えたら、前後の整合性がなくなってしまう」とか、「この台詞があるからこそ、次のシーンが生きるんだ」といった、作者にしかわからない思い入れはあるだろう。

しかし、それはしょせん「作者にしかわからない」レベルのものなのだ。

そして、**どこかを修正することによって「自分の個性が消えてしまう」なんて思っているようでは、話にならない**。それで消えてしまう個性なんて、しょせんその程度の個性。個性と呼べないレベルでしかない。

編集者だってプロなのだし、そのプロが「こう直したほうがいい」と言うのなら、素直に直すべきである。作品を評価するのは自分ではなく、あくまでも読者。そして編集者はプロの読者なのだ。

実際、僕はいつもそうしている。

もう「本当にそれでいいのかな?」なんて考える前に、サクサクと修正してしまう。そして後になって「ああ、やっぱり修正してよかったな」と思うこともあるし、最近では「どこを修正したんだっけ?」とわからなくなることさえあるくらいだ。

また、人気の作品になればなるほど、編集者からの要望やプレッシャーは厳しいものとなっていく。

人気が高まるほど失敗は許されなくなるし、ハードルは上がっていくのだ。

ただ、これはビジネスの世界でも同じことが言えるのではないだろうか。

たとえば自動車メーカーでも、人気の車種になるほど、それに携《たずさ》わる人は増えていくし、モデルチェンジをするときにも失敗は許されなくなる。当然、上からの要望やプレッシャーもきつくなっていく。タレントさんが売れたときでもそうだろうし、テレビ番組でもきっと同じことが起こっているはずだ。

要は、そういう**プレッシャーを楽しむことができるかどうか**、だろう。

そして、**自分だけのつまらない「こだわり」を捨てて、周囲の意見を柔軟に取り入れることができるかどうか**、である。

だから、上司や先輩からなにか指示を受けたら、とりあえず素直に聞いておこう。仕事をスムーズに進めることを優先させよう。

素直に聞き入れた結果が失敗に終わったとしても、それはそれでいい。次からは同じ失敗をしないように気をつければいいだけのことだ。

そういう素直な部下に対しては、上司は何度でもチャンスを与えてくれる。

むしろ、つまらない「こだわり」を見せてゴネる部下には、たとえそこそこの成果を収めても評価は低くなる。

僕は編集者からの要望を聞くとき、いつも**「他人の目は、自分を輝かせてくれる光だ」**と考えることにしている。

他人の目から発せられる光がなければ、われわれは輝くことができないのだ。

◎残業を自慢するな

漫画家ならではの話を続けるなら、締め切りというのも人それぞれだ。

これはきっと小説家もそうだろうけど、漫画家の世界には「遅ければ遅いほど、いいものができる」という思い込みがある。

締め切りの直前まで原稿を出さず、もう少しで落ちるか落ちないかというところで、どうにか入稿となる。そのひりひりとした空気を、「あの人遅いんだよね、いつもギリギリでさ」といった感じで、どこか楽しんでいるような雰囲気があるのだ。

そしてそのぶん、原稿を予定どおりの期日に入れる人は「手を抜いてるんじゃないか」と思われることさえある不思議な世界だ。

だから、漫画家さん同士が集まってお酒を飲んだりすると、決まって「自分がどれだけ徹夜しているか」とか「先週はヤバかった」みたいな徹夜の自慢話になってくる。

あるいは「健康診断でこれだけ引っかかった」みたいな不健康自慢だ。僕からすれば「さっさと病院に行けばいいじゃん!!」という話だけど、まだまだ僕のようなタイプは少数派なのかもしれない。

以前は、僕もぼんやりと「そうするのが漫画家なんだろう」と思って、先輩たちのように夜型の生活をして、毎晩のように徹夜していた。徹夜で描いた原稿を朝に上げる、というスタイルだ。

ところが、どうも効率が上がらないし、アシスタントたちの定着率も悪かった。

ただ、よくよく考えてみれば、別に徹夜しなきゃいけないルールがあるわけでもない。そこで、朝から夕方まで働くスタイルに変えることにした。朝の10時から夜8時まで、短期集中で原稿を描くのである。

そうすると、まずスタッフの疲労度が目に見えて軽減された。

もちろん、スタッフが元気なぶん集中力も出てくるから、**結果的に作業のスピードも上がる。**

そして、以前よりもやりがいを感じてくれるようになったのか、スタッフの定着率がぐんぐんアップしていった。

いまでは、週休3日の1日約9時間労働で、3本の連載をこなしている。言うまでもなく、徹夜なんかせずに、だ。

さすがに漫画家の例は極端だとしても、一般の会社でもみんな意味のない残業をしているのではないだろうか？

昼間グズグズしているくせに、何時間もサービス残業をして「いやぁ、また終電だよ」とか「最近ほとんど子どもの顔を見てないよ」とか、ワケのわからない残業自慢をしていないだろうか？

少なくとも、漫画家というレベルで考えるなら、徹夜をしたからといって作品のクオリティが向上するわけではない。むしろ精神的にも肉体的にもどんどん追いつめられていって、クオリティが低下することだってある。

編集者をはじめとした周囲の人たちに迷惑をかけるのは、言うまでもない。

徹夜仕事にしても、残業にしても、別に誰も望んでいるわけではないのだ。

昼間の就業時間内にすべてを終わらせてくれれば、それが一番なのだ。

自分の中にある、時間の『型』を見つめなおしてみよう。

大口たたかず、いまの自分の力量を知れ！

◎変人よりも凡人になれ

２００６年に退陣した小泉元総理は、異例とも言える高支持率をキープしたまま、５年半にも及ぶ任期を乗り切った。

小泉元総理があれだけの人気を維持できたのは、やはり彼の強烈な個性やリーダーシップが魅力的に映ったからだろう。

ただ、ここから「時代は個性的な人物を求めている」「自分も個性的な人間になろう」などと考えるのは、明らかな誤りだ。

あれは「変人」とさえ言われた小泉さんだったからこそ、できたこと。一般の人たちが真似したところで、簡単に壁にぶち当たってしまう。

たとえば、こう考えてみよう。

かつて、自由民主党の総裁選に小渕恵三《おぶちけいぞう》さん、梶山静六《かじやませいろく》さん、小泉純一郎さんが出馬したとき、田中真紀子さんはこの3人を「凡人、軍人、変人」と評した。

それでは、あなたの目の前に「凡人」と「変人」の二人がいたとして、どちらと一緒に仕事をしたいだろうか？

自分の会社や自分の部署に迎え入れるなら、どちらが適任だろうか？

きっとほとんどの人が「凡人」と答えるはずだ。

変人なんて、離れた場所から見ているぶんには面白いけど、実際に自分の近くにやってきたら面倒くさいに決まっている。

しかも、自分勝手なことばかりやって他人に迷惑をかけるのだとしたら、これほど迷惑な存在はない。

個性的であること自体は悪くない。けれど、それが行き過ぎた「変人」になってしまったら、ただただウザイ存在でしかないのである。

ウザイ男になるくらいだったら、多くの人から愛される「凡人」であるほうがずっといい。特に、それが組織の中の話なら、なおさらのことだ。

また、ある漫画の関係で、企業の採用部門について調べていたとき、こんな話も聞いたことがある。

まず、ほとんどの企業の採用担当者は、履歴書《りれきしょ》になんらかの「空白」がある人間を採用したがらない。

たとえば1年間アメリカで放浪の旅をしたとか、ヨーロッパの語学学校に行っていたとか、あるいはそれこそインドを旅してたとか、そういう「空白期間」がある人物は、基本的にいらないのだそうだ。

本人とすれば「自分だけの実績」や「自分ならではの個性」のつもりかもしれないが、そもそも海外旅行や海外留学する人間なんて、毎年ゴマンといる。

そんな「個性」よりも、普通に大学を4年間で卒業し、普通に一般常識を身につけた人間のほうが、ずっと好ましいのだ。

特に新卒の場合、企業は「人柄がよくて、最低限の常識があれば、それでいい」と思っている。

知識や技術については、入社してから教えていくのが日本企業の特徴だ。

そのため、入社してからも上からの命令に反発したり、いろいろとトラブルを起こすような「変人」よりも、素直に言うことを聞いてくれる「凡人」のほうが何倍も望ましいのである。

◎最後は大物の『型』を盗め!!

ここまで、あえて「凡人」であることの意義を強調して話を進めてきた。

みなさんも、世間で考えられている「個性」がどれほど意味のないものか、そして有害なものなのか、ある程度理解できただろう。

ただ、それでもどこか釈然としない気持ちが残っている人も多いはずだ。

いわゆる「個性」が幻想であることは、たしかにわかった。

そして「凡人」であるべきだというのも、そうかもしれない。少なくとも「変人」であるよりはマシだ。

でも、自分の人生はそんなもんなのか。

やっぱり平社員に終わりたくないし、出世したい。お金だってほしいし、でかい家にも住みたい。そういう欲望までも、捨てろというのか。あきらめろというのか。

きっと、そんな気持ちではないだろうか。

僕にしても、売れない漫画やほどほどに売れる漫画を描くよりは、ガンガン売れる人気漫画を描きたいし、大ヒットした稼ぎでいい暮らしをしたい気持ちはある。これは当然の欲望だ。

ただ、これは順序の問題だと思ってほしい。

くり返し漫画家の例を紹介して申し訳ないが、まず最初は「プロとして飯を食うこと」、つまり「漫画誌に載ること」が先決だ。

大ヒットをするしないは、その後の話なのである。

そして、プロとして最低限の仕事をするために『型』は存在する。**とてつもない天才ならともかく、われわれのような人間にとっては『型』を身につけないことには第一段階さえクリアすることはできないのだ。**

そうやって第一段階をクリアしたら、その段階で新しい『型』を身につければいい。

通常のバッティングフォームをマスターし、バッティングの基礎を体得した上で、振り子打法にチャレンジするようなものだ。「大物」の『型』を真似ていくのだ。

それでは、いったい「大物」の『型』というのはどこにあるのだろうか？

僕は、日常の些細《ささい》な場面にこそ、その『型』が散見されるような気がする。

たとえば、「ＮＨＫの不祥事《ふしょうじ》にムカついたから、受信料払わないことにしたよ」と言ってる人たち。あるいは初詣《はつもうで》に行ったときに、「お賽銭《さいせん》なんて、５円で十分だよ」と言ってる人たち。そして、財布がレシートやポイントカードでパンパンに膨《ふく》れあがっている人たち。

別に理屈としては間違ってるわけではないのだろうけど、はたして「大物」たちはそんなことをするだろうか。

たぶん、ＮＨＫに不満があったとしても受信料の不払いなんてことはしない。言うべきことがあれば、受信料を払った上で言うだろう。

お賽銭にしても、さすがに百万円を投げ込むことはないにせよ、せいぜい５００円玉か千円札くらいは出すのではないか。

財布の中身だって、いつもキレイに処分しているのではないだろうか。

こうした**些細な選択、そこに垣間《かいま》見えるバランス感覚の違いが「大物」と「小物」を分けている**ような気がしてならない。

もちろんこれは、お金に余裕があるとかないとかいう以前の問題だ。

新幹線だって、グリーン車を基準に考える。グリーン車が「普通より高い席」なのではなく、自由席が「普通より安い席」なのだと考える。

コンサートだって、スタンド席ではなくアリーナ席を基準にする。

ガソリンはハイオクにして、ビデオ録画も3倍モードなんか使わない。

貧乏くさい習慣が身についた人は、きっといつまでもその場にとどまる。

生活にそれなりの余裕が出てきたら、ちょっと上の習慣をスタートさせたほうがいい。習慣とは『型』なのだ。

第3章のまとめ

1 オンリーワンの自分なんか幻想だ!!
2 新しい服が着たいなら、いま着てる服を脱げ!!
3 夢の呪縛から逃れろ!!
4 こだわりを捨てて人の話を素直に聞け!!
5 付き合いにくい変人より、愛される凡人になれ!!
6 大物になりたければ、大物の『型』をコピーしろ!!

第4章 タテ社会は素晴らしい!!

？

レールに乗った人生が、
そんなにカッコ悪いのか？

自由を求めるな、規律を求めよ

◎みんな大好きなタテ社会

先日、テレビを見ていたらある芸能人がこんなことを言っていた。

「この世界、若いときに不良や暴走族なんかをやっていたヤツのほうが礼儀をわきまえているんです」

たしかに、これは納得できる話だ。

大人たちの権力に反発し、既成のルールや価値観が気に食わないはずの彼らだが、そのグループの内実は驚くほど整然としたタテ社会が形成されている。

リーダーの命令は絶対だし、先輩にたてつくことなんておよそ考えられない。挨拶《あいさつ》から席順まで、すべてにおいてタテの論理が貫かれている。

もちろん、これは不良グループだけではなく、体育会系や芸能界だってそうだし、多くの企業でも見受けられるものだろう。

どうしてこのような矛盾が見受けられるかといえば、答えはひとつしかない。

われわれ日本人は、タテ社会が好きで好きでたまらないのだ。

口ではいろいろ言いながらも、タテの論理で縛られるのが気持ちいいのだ。

上から命令されること、そしてその命令に従うことが嬉《うれ》しくてたまらないのだ。

そういうタテの論理に従ってこそ、「自分はこの組織の一員なんだ」と実感できるようになる。

組織への忠誠心、仲間との連帯感、自分はひとりじゃないという安心感など、タテ社会にはさまざまなメリットがあるのだ。

学校からドロップアウトした若者たちが率先《そっせん》して不良グループに入るのは、きっとこのためだろう。

不良グループという厳しいタテ社会に属することで、自分の居場所を見つけているのだ。

しかし、こんなことは口が裂けても公言できない。

やはり人前では個性や自由を強調し、タテ社会の弊害《へいがい》を説かないといけない。その結果、ろくに社会性も身につけないまま行き場を失った若者たちが、フリーターやニートとして増殖《ぞうしょく》してしまうのだ。

タテ社会の素晴らしさは、もっと再評価されるべきである。

◎なぜ個人技だけの組織は弱いのか

いまや日本サッカー界の汚点のようにさえなっている2006年のサッカーワールドカップ・ドイツ大会。僕は日本代表の対ブラジル戦を観戦するために、現地ドイツまで飛んだ。

この大会の日本代表は、とてつもなく期待が大きかった。

ユース時代から世界を相手に活躍していた、小野、高原、稲本ら「黄金の世代」を擁し、抜群《ばつぐん》のテクニックを持つ「ファンタジスタ」中村俊輔《しゅんすけ》と、「世界のナカタ」こと中田英寿《ひでとし》という豪華な司令塔を持つ、まさに史上最強のメンバーだった。

ところが、フタを開けてみると1分け2敗という惨憺《さんたん》たる成績。最低限の目標とされた決勝トーナメント進出がならなかったばかりではなく、1勝することさえできなかった。

あれだけの才能が集まったチームが、どうして1勝もできないまま終わってしまったのだろうか？

僕はやはり、ジーコ監督の戦略・戦術に問題があったのだと思う。

チームの指針として「自由」を掲《かか》げたジーコ監督は、ほとんど戦術らしい戦術を持たないまま本大会に突入し、選手自身の対応能力、イマジネーション能力にすべてを託した。きっとこの才能あふれる選手たちなら、それが可能だと思ったのだろう。

しかし、ジーコ監督の「自由」は選手たちに困惑と迷いを引き起こしただけだった。

特に戦術を与えられなかったディフェンス陣の崩壊ぶりは、目を覆《おお》いたくなるほど悲惨なものだった。

ジーコ監督の「自由」は、完全に失敗だったのだ。

現地ドイツのスタジアムで、僕はそれを象徴するようなシーンを目の当たりにすることができた。

それは試合前のウォーミングアップ風景である。

フィールドにパラパラとやってきて、2人1組になってそれぞれ自分のペースで練習を始める日本代表の面々。自由と言えば自由だけど、そこからチームの結束を感じることは難しかった。

一方、ブラジル代表はまったく違った。

コーチやトレーナーがいて、選手全員に指示を送り、みんなが同じ練習をこなす。あくまでも全体練習なのである。

あの個性派のオールスター軍団でさえ、自由よりも規律が優先されていたのだ。

この試合前の練習風景を見ただけで、僕はジーコ監督の「自由」がどれだけ危なっかしいものであるか理解できたような気がした。

実際の試合については、もう思い出すのもイヤなくらい無惨なものだった。

前半こそそれなりの展開を見せて先制点を奪《うば》ったものの、前半終了間際に同点に追いつかれると、チームは一気に意気消沈《いきしょうちん》した。

後半に至っては、ほとんど大人と子どものような状態で、日本代表は完全にバラバラになっていた。

そんな中、ひとりだけ最後まで全力のプレーを続けた中田英寿選手が、この試合を最後に現役引退を表明したのは、あまりに皮肉な話だ。

もう少しチームに一体感があり、メンバー間の信頼関係ができていれば、せめて数人くらいは事前に引退の意志を聞かされていただろう。そしてモチベーションも上がっていただろう。

とにかく、後味の悪さばかりが残る大会だった。

◎組織は『型』があってこそ機能する

ジーコJAPANが誕生したとき、マスコミはこぞって絶賛した。

前任のトルシエ監督はあまりにも「組織」至上主義で、選手を厳しく縛りつけ、選手からも不満の声が聞かれていた。さらに、中村俊輔選手のように戦術上の問題から選考されなかった優秀なプレーヤーもいた。

それに比べて「自由」を掲げ、オールスター軍団を結成したジーコ監督は、それこそブラジルのような強くて面白いサッカーを実現してくれるように思われたのだ。

ところが、実際はどうだっただろう。

少なくとも僕が見た限りでは、トルシエJAPANのほうが戦術もはっきりしていてハイレベルだったし、観戦していて面白かった。

一度歯車がかみ合わなくなるとずっと修正できないまま試合を終えるジーコＪＡＰＡＮは、勝っても負けても成長が感じられなかった。

反面教師ではあるけれど、ジーコＪＡＰＡＮという壮大な実験ほど、日本人に「自由」の恐ろしさを教えてくれたものはなかったのではないだろうか。その後のオシムＪＡＰＡＮ、岡田ＪＡＰＡＮの姿を見ていると、なおさらそう感じる。

特に組織プレーが必要とされるチームスポーツでは、「自由」よりもずっと『型』が重要なのだ。

これはサッカーだけではなく、野球でもまったく同じだ。

どれだけたくさんのホームランバッターを揃《そろ》えても、それでは「打線」にならない。

俊足《しゅんそく》の一番バッター、技巧派の二番バッター、オールラウンダーの三番バッター、そして不動の四番打者、といった打線としての『型』があってこそ、チームは機能する。

そして、監督の統率力やキャプテンのリーダーシップがあり、「これが俺たちの野球なんだ」というチームとしての意識が全員に浸透していてこそ、強くなれる。

これら『型』がない個性派集団では、チームはバラバラになってしまうのだ。

実際、野球のワールドカップであるWBC（ワールド・ベースボール・クラシック）で連覇した日本代表は、ホームランバッターを揃えたオールスター軍団ではなく、俊足の技巧派バッターを集めたチーム編制だった。

もちろんそこでは「自由」よりも『型』が求められていた。あなたがスポーツ好きであれば、ジーコJAPANとWBC日本代表という2つの代表チームについて、それぞれの長所と短所を挙げながら比べてみるのも面白いだろう。

これまで、サッカーでも野球でも「日本人は体格的には外国人に負けてしまうから、組織力で勝負するしかない」と言われてきた。

組織プレーは、弱さの裏返しとして存在しているように思われていた。

しかし、それが大きな誤りだということに気づいたのではないだろうか。

実際、サッカーW杯のドイツ大会でベスト4に残ったのは、組織を重視するヨーロッパ勢ばかりだった。

そして優勝したのは堅く献身的な守備で知られるイタリアだ。

そもそも「献身的なプレー」なんてものは、個人主義の中からは絶対に生まれない。

組織の中にしっかりとしたルールがあり、選手たちは勝手なプレーをせず、決められた自分の役割を果たす。そんな共通認識があるからこそ、献身的になれるのだ。

組織とは『型』があってこそ機能するのだし、『型』があるほうが強いのである。

タテ社会のメリットに目を向けろ

◎タテ社会は帰属心を高める

組織について、もう少し深く考えてみよう。

会社でも学校でも、あるいは国という単位でもかまわないのだが、組織がうまく機能していくために必要なものとは、なんだろうか。

まず第一に挙げられるのが、「誇り」である。

自分はこの組織の一員なんだ、ということを誇りに思えれば、おのずと組織への忠誠心も出てくるし、献身的な協力だって惜しまなくなる。組織がバラバラになることもないし、上からの指示も素直に聞き入れるようになる。

では、どうすれば誇りを持つことができるのだろうか。

それは**「独自のルールづくり」**だ。

たとえば、その組織オリジナルの歌をつくるのは、わかりやすい例だろう。国歌もそうだし、校歌もそう。高度成長期の会社では、社歌だって毎日のように歌われていた。

このようなオリジナルの歌を歌っているうちに、「これは自分たちだけの歌だ」「この歌を歌えるのは自分たちだけだ」「この歌を歌う者はみんな仲間だ」といった連帯感が生まれてくる。そして強い連帯感は、やがて組織の一員であることへの誇りに変化していくのである。

また、企業や学校の制服にも同じ役割があるし、スーツにつける社章もそうだろう。それに日本人なら、オリンピックで日の丸が揚《あ》がって『君が代』が流れれば、どんな政治的スタンスを持つ人だって一様に感動する。そういうものなのだ。

さて、これら「独自のルール」をつくって根づかせていくのは、タテ社会でないと難しいものがある。

そもそも、学校の校歌にしろ制服にしろ、あるいは社歌などは特にそうだが、「独自のルール」にはロジックで説明できないものが多い。

相手から「どうしてそんなものに従わなきゃいけないんだ？」と言われて、正当な理由で説得することは難しい。

そんなとき開き直って、「いいから黙《だま》って従え」と言えるタテ社会でないと、なかなか「独自のルール」なんて根づいてくれないのである。

いま、教育現場はまさにこの問題に直面している。

子どもたちの人権や個性を尊重しすぎるあまり、学校の中からタテ社会の要素が消えていき、結果として学校が崩壊《ほうかい》寸前にまで追い込まれているのだ。

このあたり教育問題については、僕も『ドラゴン桜』を通じて思うことが多々あるので、次章でゆっくり考えることにしよう。

とにかく、組織をうまく回したければ、その組織は徹底したタテ社会にすべきだ。**安っぽい自由なんかいらない。組織全員の帰属心を高め、プライドを持たせるためにも、タテ社会にして、たくさんの「独自のルール」をつくっていく必要がある。**

だから、もしあなたがいまの会社に誇りを感じられなかったり、やる気を感じられないのだとすれば、きっと上司がダメなのだろう。

強いリーダーシップをもったスパルタ系の上司がいて、会社全体に「独自のルール」がたくさんあれば、きっと帰属心も誇りも出てくるはずなのである。

◎ダメな上司にはこう対処せよ

もし、上司から「もっと個性を持て」「自分で考えろ」「仕事は習うもんじゃない。盗むもんだ」みたいなことを言われたら、注意しよう。

その上司には指導力がなく、ちゃんと指導するだけのノウハウも持ち合わせていない可能性が高い。

むしろ「お前は黙って言われたとおりやればいいんだ」と言われるくらいのほうが、カチンとくるかもしれないが、まだマシだ。

少なくとも、ここではなにをやればいいのか、そしてなにをやってはいけないのか、はっきりしている。

たとえば、選手をオリンピックに導くような名コーチたちは、みな「こうやれば強くなれる」という指導の『型』を持っている。

一方、ダメなコーチはそのような『型』を持っていない。

そして「こうやれば強くなれる」と言えないため、選手たちの自主性を重んじるようになってしまう。これでは完全な丸投げだ。ただ責任逃れをしているだけである。

漫画の世界でも、

「漫画は習うもんじゃない。見て盗むもんだ」

と考えている漫画家さんは、決して少なくないと思う。

ただ、僕に言わせるとそれは本人が漫画の『型』をしっかりつかみきっていないか、自分が体得した『型』を言語化できないでいるだけだ。

才能は教えることができなくても、漫画の『型』なら教えることができる。いや、できなければおかしい。

だって、江戸時代から何代も続くような老舗《しにせ》や伝統芸能の中には、きっと1人や2人は「まるで才能のない跡《あと》取り息子」がいたはずだ。

それでも伝統がしっかり継承《けいしょう》されてきたということは、そこに『型』があったと考えるしかない。そして『型』を教える誰かがいたと考える以外にない。

それでは、ダメな上司の下についてしまったらどうすればいいのだろう?

僕が強く言っておきたいのは、まず**「逃げないこと」**だ。

ダメな上司の下にいると、仕事も面白くなくなるし、やる気も出なくなる。そして逃げ出したくなる。

しかし、そこで逃げていては、なにも解決しない。仮に転職したとしても、どうせ転職先にも別のダメな上司が待っているのだ。いい上司、心から尊敬できる上司に会える確率なんて、そんなに高くない。

そこで、**どんなにダメな上司であろうと、とりあえず一定期間そこに身を置いてみる。**

人生にはこういう期間もあるんだ、くらいに考える。

そうすれば、そのうち気にならなくなってくるし、雑音を遮断する方法、小言やグチをやり過ごす方法もわかってくる。

ある意味、これらはダメな上司の下でしか学べない『型』だ。

人間なら誰でも、好きな人や尊敬できる人を探すより、嫌いな人を見つけるほうがたやすいものだ。街を歩いていても、テレビを見ていても、ケチをつけようと思えばいくらでもつけられる。

ただ、**そんな相手と接することでしか学べないこともある。**

それさえ頭に入れておけば、ダメな上司や気に食わない同僚とも、そこそこうまく付き合っていけるはずだ。

◎個人主義ほど無責任なものはない

きっと一般の人たちからすると、漫画家なんていかにも一匹狼の個人主義で仕事をしているように思われがちだろう。

しかし、実際の漫画家という仕事は、かなりのチームプレーで成り立っている。アシスタントのスタッフたちは絶対に欠かせないいチームメイトだし、的確なアドバイスをくれる編集者も非常に重要なパートナーだ。

そして、アシスタントを雇ってチームを運営しているという意味では、漫画家にもそれなりの経営者感覚が求められることになる。

いいチームは、それぞれのメンバーが適材適所で配置されている。

僕の場合も、スタッフを適材適所に配置して、やる気や能力を最大限に引き出すように気をつけているつもりだ。

このとき、僕が最初に考えるのは、やはり「軽いタテ社会」の構築である。

あまり厳しすぎるのは問題だが、スタッフ同士の中にも、一定のヒエラルキーをつくって、秩序を持たせるようにする。これは、チームを引き締め、それぞれの役割を明確にするためにも欠かせない要素だ。

そして適材適所という意味では、その人その人の得意分野を見つける。

たとえば女の子のスタッフは、ビルや車のような固いものよりも、洋服やアクセサリーのような柔らかいものを描くほうがうまい。そして実際にこういうものを描いているときのほうが楽しそうだ。

こうして「彼女はファッション関係」「彼はメカニック関係」「彼は人物全般」のように、**なんとなくの得意分野が互いに共有できていれば、それぞれの役割分担もはっきりして、作業はスムーズに進んでいく。**チームとして機能するわけだ。

ところが、これがタテ社会の秩序もなければ、役割分担もない、単なる個人主義の集団になると、恐ろしい事態が待っている。

まず、個人主義の人は基本的に「俺は俺でやるから、お前はお前でやってくれ」というスタンスで物事を考える。

これは、裏を返せば他人任せということだ。

自分の仕事についてはやるけれど、ほんの少しでも自分の範疇《はんちゅう》を超えた仕事については「誰かがやってくれるだろう」とタカをくくって、いっさいタッチしない。それが個人主義の正体なのである。

だから彼らには、くり返し説明しているような「献身的なプレー」なんて、絶対にできない。そもそもチームという意識さえ希薄なのだ。

個人主義のクリエイター集団、なんていかにも聞こえがいいけど、こんな人間ばかりが集まった組織なんか、すぐさま崩壊してしまうだろう。

個人主義とは、組織の一員としての責任を取ろうとしない、身勝手な人任せ主義のことでもあるのだ。

王様にならず、横綱になれ！

◎タテ社会の見本は大相撲にあり!!

僕が日本的タテ社会の見本と考えているのが、大相撲の世界だ。

まず、大相撲は完全に実力主義である。

その地位は「番付《ばんづけ》」と呼ばれるランキング制になっており、番付を上げたければ勝ち星を重ねるしかない。

さらに、大相撲では「関取《せきとり》」と呼ばれる幕内《まくうち》と十両《じゅうりょう》の力士のみが給料を与えられ、幕下《まくした》以下（幕下、三段目、序二《じょに》段《だん》、序《じょの》ノ口《くち》）の力士には一銭も支払われない。

また、力士の象徴とも言える大銀杏《おおいちょう》を結《ゆ》えるのも関取のみに限られ、そのほか着物や足袋《たび》、座布団《ざぶとん》、稽古《けいこ》用のまわしなど、さまざまな点で関取と幕下以下の力士とでは差が設けられている。

そして、関取と幕下以下との最大の違いは、付き人の有無だろう。十両に上がった力士には、身のまわりの世話をする付き人がつく。そして部屋の中でもちゃんこづくりや掃除、買い出しなどの雑用が免除されるようになる。

逆に言えば、給料を稼げない幕下以下の力士は、こうした雑用や付き人をこなすことによって、衣食住を与えられているわけだ。

こうした「上の者が強い権力を持ち、下の者は雑用をこなす」というタテ社会の図式は、いまでも中学・高校の運動部、また大学の運動部に色濃く反映されている。

そして大学の運動部の場合だと、一年生がさまざまな雑用をこなすのに対し、四年生は飲み会の支払いを受け持つことが多い。

このあたりは、まさしく大相撲の縮小版といった感じだ。

そして僕が面白いと思うのは、**実力のない幕下以下の力士でも、部屋の雑用や付き人の仕事をこなすことによってしっかりと食べていける**、大相撲のセーフティネット的なシステムだ。

これが野球やサッカーのようなほかのプロスポーツだったら、実力のない者を食わせる余地などまったくない。

どんなに野球が好きでも、どんなにそのチームを愛していても、それだけで球団が雇い入れることはないのだ。

だから、付き人制などを含めた大相撲のさまざまなしきたりについて、ただ「古い」とか「いまの時代にそぐわない」とか批判するのは、物事を片方からしか見ていない人の台詞だ。

むしろ、他のプロスポーツのように簡単に首を切られることもなければ、チャンスは何度でも与えられる。弱者には弱者なりに、生き残っていく道を用意してあげているのが、大相撲の世界なのである。

だから、もし大相撲的な会社があったとしたら、日本人にとってこれほど働きやすい場所はないと思う。

上からの命令には絶対服従が原則。その代わり、上の人間も自分の立場をキープするためにはつねに結果を出し続けなければならない。

そして上の人間は、いつも自分をサポートしてくれる下の人間に対して、自分の稼ぎを再分配する。

下の人間はたとえビジネス的な才能がなくても、上に服従している限りはリストラされることも左遷《させん》されることもない。

グローバル化する時代には逆行するのかもしれないが、日本人にはそういう組織が一番しっくりくるはずである。

◎上司がいるから成長できる

仕事がある程度できるようになってくると、今度は「部下を育てる」ことも重要な仕事のひとつになってくる。

よくスポーツの世界では「名選手、名監督にあらず」と言われるが、たしかに選手としての才能と監督（上司）としての才能は、まったく違ったところにあるのだろう。

僕自身にしても、最初にアシスタントを雇い入れたときには、どう叱ればいいのか、そしてどう育てればいいのか、完全な手探り状態だった。

なにせ自分自身がアシスタントをやった経験がないので、参考にすべき『型』がどこにもなかったのだ。

ただ、試行錯誤をくり返すうちに、なんとなく育て方のコツがつかめてきたような気がする。

まず、部下（僕の場合はアシスタント）を育てようと思ったら、叱るべきときにはしっかりと叱り、褒《ほ》めるときには惜しみない拍手を送らなければならない。

どちらか一方が欠けてもダメだし、どちらかに偏《かたよ》るのもダメ。バランスよく叱り、褒めることが大切だ。

そして実際に誰かを注意するときだが、このとき当事者だけを叱り飛ばすことは避けるようにしている。あくまでも彼を注意しているんだけど、しかし意識としては「その場にいる全員」に言い聞かせているような、そんな叱り方だ。

そうすると、注意を受けている彼にも「どうして俺ばっかり」とか「みんなの前で恥《はじ》をかかされた」とかいった気持ちが芽生《めば》えなくなる。

そして、その場にいるほかのスタッフも、まるで自分のことのように真剣に受け止め、話を聞いてくれるようになる。

要するに、**個人攻撃をせずに、問題を全体の責任として注意することが大切**なのだ。

これに比べて、褒めるほうはもっと難しい。

変なタイミングで褒めるのも白々しい。かといって褒められること（評価されること）がまったくなければ、スタッフのモチベーションは下がってしまう。

やはり、仕事をするからには評価されたいと思うし、評価されることによって成長を実感し、やる気が芽生えるのである。

そのため、僕は**「前はできなかったこと」**が**「できるようになった瞬間」を見逃さないよう、目を配る**ようにしている。

たとえば誰かスタッフが、以前はなかなか上手に描けなかった車の絵を、ちょっと上手に描けるようになった。そうしたら、そのタイミングを逃さず「いいじゃん！」「上手いじゃん！」と褒める。成長を実感させることが、さらなる成長を生むのだ。

そしてもうひとつ、僕が大切だと考えているのが、机だ。

新しく入ってきたアシスタントが職場に慣れ、仕事になじんでいくためには、自分に与えられた机を「これは間違いなく自分の机だ」と違和感なく思えることが大切だ。

つまり、**その人の「居場所」を提供してあげる**ことが重要なのである。

これがいつまでも他人の机に座っているような違和感があったら、仕事にも職場にもなじめないし、いい仕事もできない。

これは新人に限ったことではない。みなさんも自分の会社の机に座ったとき、そこが自分の居場所と思えるかどうか考えてみよう。

◎黙って言われたとおりにやってみろ

どんなに時代が変わり、どれだけ国際化の波が押し寄せても、日本という国は封建制度や士農工商から続くタテ社会が土台となって形成されている。

官と民の関係は言うに及ばず、企業の中だって、学校の中だって、あるいは地域社会だって、すべてタテ社会だ。

これは好むと好まざるとにかかわらず、受け入れざるを得ない現実だ。

それならいっそ、**骨の髄《ずい》までタテ社会に染まってしまえ**、というのが僕の考えである。勇猛果敢にタテ社会への反旗を翻《ひるがえ》すのもいいけれど、まずはどっぷりとタテ社会に染《そ》まってみて、それでも不満が消えないようなら、後日アクションを起こせばいい。

たとえば、職人の世界における親方と弟子《でし》の関係。伝統芸能における師匠《ししょう》と弟子の関係。こうしたタテの関係は、技術や伝統の継承に大きく寄与している。

僕自身、スタッフたちと仕事をしていて、ちゃんとタテの序列を守ってくれるスタッフのほうが一緒にやりやすい。

「ここのところ、もうちょっとこうしてみたら?」と提案して、それを素直に聞いてくれる。

そんなスタッフのほうが、同じ仕事でも何倍もスムーズに進む。

よく、自分のエゴを押し通すことが自分の能力を示すことだと考えている人がいるけど、僕はそうじゃないと思う。

第三者からの提案に柔軟に対応するだけの適応能力を示すことでこそ、その人の実力が如実にあらわれるのだ。

たとえば、なにがあってもAしか描けない「こだわり派」の人より、状況や要望に応じてAもBもCも描き分けられる人のほうがずっと有能だ。

だから、特に若いうちには、上から言われたことを口答えせずにそのままやってみたほうがいい。

どんなに自分とスタンスが違うと思っても、なかなか納得できない話であっても、とりあえず黙ってやってみる。

そうやって、自分の適応能力を高めていけばいいのだ。Ａ、Ｂ、Ｃと、自分の引き出しを増やしていけばいいのである。

頑固になるのはオジサンになってからでも全然遅くないのだ。

そして、ここが大切なところだが、**タテ社会が苦しくてドロップアウトしたとしても、そこに待っているのは「規模を小さくした別のタテ社会」なのだ。**

それこそ亡命でもしない限り、どこへ逃げようとタテ社会が待っている。だったら、そこになじむしかないじゃないか。

体育会系の経験がある人ならわかるだろうけど、厳格なタテ社会というやつは、思いのほか居心地がいいものだ。

欧米人がどう感じるかは知らないけど、少なくとも日本人にはタテ社会を気持ちいいと感じるＤＮＡが組み込まれている。

それを無視して、欧米式の個人主義や自由主義に走るなんて、あまりにもったいない話だと僕は思う。

第4章のまとめ

1　タテ社会の心地よさを認めろ!!
2　自由があるほど不自由になる!!
3　チームワークは『型』から生まれる!!
4　タテ社会は帰属心と忠誠心の源だ!!
5　タテ社会の理想を大相撲に学べ!!
6　上の言うことにはとりあえず従っておけ!!

第5章 選択肢なんていらない!!

実力を数字に換算してはいけないのか？

子どもに自由を与えるな

◎高校球児の『型』を観よ!!

僕は甲子園ファンなのだが、２００６年の高校野球、夏の甲子園大会は、まさしく球史に残る名勝負の連続だった。

特に延長引き分け再試合となった早稲田《わせだ》実業と駒大苫小牧《こまだいとまこまい》の決勝戦は、しばらく甲子園から遠ざかっていたオールドファン、そして初めて甲子園に触れる若いファンを巻き込んで、日本中を熱狂させた。

特に現在、東北楽天ゴールデンイーグルスで活躍する駒大苫小牧の田中将大投手と、早稲田大学で活躍する早稲田実業の斎藤佑樹《さいとうゆうき》投手は、誠実な人柄《ひとがら》から大会終了後にも行く先々で大フィーバーを巻き起こした。

ただ、僕にはこの絶大な「ハンカチ王子フィーバー」や「マー君フィーバー」の中に、大人たちの「ある本音」が隠されているように思えてならない。

たとえば、高校球児たちが長髪で、髪を染めたりピアスを開けたりしていたら、世間の人たちはどう思うだろうか？

まともな敬語も使えず、試合終了後の校歌斉唱《せいしょう》でもまるで歌おうとしなかったら、どう思うだろうか？

開会式の入場行進で、だらだらと不揃いに入場してきたらどう思うだろうか？

試合に負けた後、審判の判定に文句をつけたり、相手チームの悪口を言っていたら、どう思うだろうか？

きっとどれも「そんなの高校生らしくない」とか「高校球児にあるまじき姿だ」と思うだろう。

でも、普通に考えて高校生に丸坊主を強要するなんて、人権侵害スレスレの行為だ。一糸《いっし》乱れぬ入場行進だって、まるで軍隊のようだし、審判の判定に疑問があれば、それを素直に口にしてもかまわないはずだ。

つまり、僕が言いたいのは、**みんな口では子どもの人権や自主性、自由などを尊重**

するような素振《そぶ》りを見せつつも、本音のところでは、そんなものいっさい認めたくないと思っているのではないか、ということである。

あの優等生としての理想型だった斎藤佑樹選手と田中将大選手、その後のフィーバーを見ていると、どうしてもそんなことが頭をよぎってしまう。

ちなみに、僕の立場ははっきりしている。

子どもたちに中途半端な自由なんか与えるべきではないし、ゆとり教育なんてもってのほかだ。

子ども時代には徹底した詰め込み式の教育をするべきで、個性を伸ばす教育なんか、一刻も早くあきらめるべきだ。個性なんてものは、親や教師がタッチせずとも勝手に育っていく。

そしてもちろん、甲子園では一糸乱れぬ入場行進をするべきだし、選手たちは全員丸坊主。眉毛を剃《そ》るのも許さない。

攻撃では送りバントを多用して、絶対に間に合わないような場面でもヘッドスライディングをする。

守備ではピッチャーは必ず先発完投で、リリーフなどなし。そして試合に敗れたら、泣きながら甲子園の土を持って帰るのだ。

もう、これは高校球児の『型』なのである。高校野球ファンは、野球が観たいのではなく、この『型』が観たいのだ。

もしも高校野球からこれらの『型』が失われたら、甲子園の視聴率は目に見えて低下してしまうだろう。

あのフィーバーは、そんなことをあらためて気づかせてくれたのではないだろうか。

◎どうしてゆとり教育は失敗したのか

いまとなっては悪名高いゆとり教育だが、導入にあたっては支持する声のほうが多かったはずだ。

少なくとも僕が子どものころには、日本は世界有数の教育水準を誇る国だった。

ところが、受験戦争や偏差値《へんさち》至上《しじょう》主義が社会問題化してくると、徐々に「詰め込み式の教育は良くない」という風潮が広まってきた。

もっと子どもたちの個性を伸ばし、画一的な指導をやめて、それぞれのペースにあった指導をしていくべきだという意見が出てきた。

そして少しずつ授業時間を削減し、授業内容も簡単なものとして、いわゆる「落ちこぼれ」が出ないような指導内容に変わっていった。

いまでは、すべての公立学校が週休二日制になり、小学校から高校まですべてに「総合学習」の時間が組み込まれるようになった。

ところが、こうして「ゆとり」を求めていった結果、子どもたちの学力低下が深刻なレベルにまで達するようになってきた。

そしてこれを取り戻そうと、親たちがわが子を学習塾に通わせるようになったため、結果として子どもたちの学習時間・拘束時間は以前よりも増加したと言われている。

また、これと軌《き》を一《いつ》にするように「学級崩壊」も社会問題化し、いまでは多くの保護者たちが公立学校に子どもを預けることに不安を感じ、有名私立校への「お受験」ブームが本格化している。

こうなると、事態はもっと深刻になる。

裕福な「勝ち組」の家に生まれた子どもたちは、有名私立校に通い、学習塾にも通い、すくすくと成長していく。

一方、そうでない「負け組」の家に生まれた子どもたちは、荒廃《こうはい》した公立校に通い、特に学習塾へも通わないまま、大人になっていく。

その結果、「勝ち組」の子どもは「未来の勝ち組」となり、「負け組」の子どもは「未来の負け組」となる可能性が、きわめて高くなる。

つまり、「勝ち組」と「負け組」が子々孫々《ししそんそん》何代にもわたって固定化されていくのではないかと懸念《けねん》されているのだ。

それでは、どうしてゆとり教育は失敗したのだろう？

過熱する一方だった受験戦争や偏差値至上主義をあらためるには、効果的な手段だったのではなかったのだろうか？

僕はここに『型』の問題が潜《ひそ》んでいると思う。

子どものうちに徹底して『型』を詰め込むことは、絶対に必要なのだ。

個性や創造性を伸ばしていくには、基礎が必要になる。つまり『型』が必要になる。基礎も『型』もないのに個性や創造性を伸ばそうとするほうが間違っているのである。

そして『型』を教えるのに、理屈はいらない。

たとえばかけ算の九九でも、いちいち6×9が54になる姿を想像しながら憶えるのではなくて、意味のない早口言葉のように憶えていくほうがずっと早い。

どうして6×9が54なのかを考えるのは、九九をマスターした後でかまわないのだ。

また、いわゆる「落ちこぼれ」対策にしても、指導内容のレベルを下げたからといってそれが解消されるわけではない。彼らは授業が難しいからわからないのではなく、授業や指導の受け止め方に戸惑っているのだ。

そうであれば、ただ授業のレベルを下げるのではなく、もっと別の心理学的なアプローチがあってしかるべきだ。

◎円周率が「3」だって⁉

現在の小学校では、円周率が「約3」だと教えられている。

どんな数学嫌いの人でも、これには異論があるのではないだろうか。

もっとも、実用面だけで考えるなら、円周率が「3」であろうと「3・14」であろうと大きな違いはない。かえって「3」のほうがわかりやすく、計算もラクだろう。

しかし、そんなこととは別に「3・14159２……」と無限に続いていく不思議な数の存在を知ることで、どれだけ数学への好奇心を掻《か》きたてられることだろう。

シンプルにしていくこともいいのだが、そのせいで子どもたちの好奇心を奪うようなことがあってはならない。


また、新設された「総合学習」のカリキュラムも問題だ。

この時間には、外に出て花壇《かだん》の花を育てたり、図書室で自分の住む地域の歴史について調べさせたり、あるいは地域から講師を招いて話をしてもらったり、内容は小学校や教師によってさまざまだという。

これは自分の子ども時代を振り返ってみればわかることだけど、子どもなんてものは教室から一歩でも外に出たら、もう気分は「遊び」である。

そこで花を育てて情操教育だとか、図書室で遊ばせて調べる力をつけるだとか、もう出発点からして間違っている。

花壇に行けばミミズでも捕まえて遊ぶだけだろうし、図書室に行けば漫画や保健体育の本を眺めて喜ぶのがオチだ。そんなことをさせるくらいなら、校庭でドッジボールでもさせたほうがずっと健康的である。

どのみち、毎日忙しく学習塾に通っている子どもたちからすれば、総合学習なんて絶好の遊び時間であるはずだ。

特に総合学習は教師の側も『型』がないため、いろいろと苦労しているだろう。もともと「自ら課題を見つけ、自ら学び、自ら考え、主体的に判断し、よりよく問題を解決する資質や能力を育てること」などを目的としているらしいけど、はたしてそれがどこまで達成可能なのだろう。

少なくとも断言できるのは、花壇で花をいじるよりは、円周率を教えたほうがいいということだ。

個性を伸ばさず『型』を詰め込め

◎個性教育ができない簡単な理由

子どもたちにゆとりと自由を与え、それぞれの個性を伸ばす教育をしていく。

これは大変高邁《こうまい》な理念だが、実際にそんなことなどできるわけがない。いかにもお役人が考えそうな机上の空論である。

というのも、担任の教師が受け持つクラスには、40人程度の子どもたちがいる。

40人といえば、ちょうどプロ野球の一軍登録選手と同じ数だ。

そして、日本のプロ野球は12球団。プロ野球の監督は、日本にたった12人しかいない、精鋭《せいえい》中の精鋭なのだ。

しかし、そんな監督たちでさえ、一軍登録選手すべてに目を配り、それぞれに的確なアドバイスを送って個性を伸ばしていくことなどできない。

打撃コーチ、ピッチングコーチ、バッテリーコーチ、守備走塁コーチ、さらにはヘッドコーチなど、たくさんのコーチ陣のサポートを受けながら、どうにかチームをまとめているのである。

それなのに、エリートでもなんでもないごく普通の教師たちが、40人もの子どもにどうやって向き合うことができるだろうか？

どう考えたってムリだろう。もし、教員の数を増やして、それぞれのクラスに5〜6人ずつの「コーチ」をつけるというのなら話は別だが、現状のまま40人全員の個性をそれぞれ伸ばしていくなんて不可能なのである。

だからこそ、学校は徹底した『型』の詰め込み道場であるべきなのだ。

個性を伸ばしたければ、それは学校以外の場所でやる。子どもの個性を見つけ、伸ばしていくのは、原則として親の仕事である。

個性が育たないのも、それから学力が低下してしまったのも、なんでも教師のせいにするのは可哀想《かわいそう》だと思う。

きっと先生たちだって「今日からはガンガン詰め込み式の授業をやれ」と言われたら、かなりの成果を挙げられるはずだ。

それを文部科学省や保護者たちが「ああでもない、こうでもない」と揺さぶるから、現場が混乱しているのである。

◎子どもを叱れるのは親と教師だけ

先に、プロの漫画家になる方法のひとつとして「コピーすること」を紹介した。自分の好きな漫画家、あるいはこの人だったら自分にも手が届くんじゃないかと思えるような漫画家のコピーをする。そうやってプロが持っている『型』を自分のものとしていくうちに、自分オリジナルの『型』が生まれ、本当のプロになっていく。

さて、教育現場でもこれと同じことができないだろうか。

つまり、親や教師が手本となって『型』を実践する。そして、それを子どもたちに真似させるのだ。

子どもたちに率先して真似をさせるには、親や教師が尊敬やあこがれ、あるいは畏《い》怖《ふ》すべき対象でなければならない。

その意味で、僕は最近の「友達みたいな親」や「友達感覚の先生」が気に食わないのである。テレビで「今日は娘とデートなんです。さっきもお店で姉妹と間違えられて」なんて言ってる母親を見ると、虫酸《むしず》が走る思いがする。

親にしろ教師にしろ、子どもにとっては怖い存在であるべきだ。

子どもという生き物は、大人が考えている以上に鋭い感受性を持っているので、大人がベタベタ歩み寄ってきたら簡単に舐《な》めきってしまう。そして大人のほうも、一度友達感覚になってしまうと、大事なときに叱れなくなる。

子どもに対する親や教師は、唯一とも言える「叱るべき人」なのだ。

親も教師も叱らないというのなら、子どもたちは誰からも叱られることのないまま大人になり、社会に出ていくことになる。

そして会社でちょっと上司に小言《こごと》を食らったくらいでキレてしまったり、あるいは逆に落ち込んでしまったりするのだ。

子どもから嫌われたくないという気持ちはわかるけど、それでは親や教師の務めは果たせない。

そして、子どもたちだって叱ってほしいことはあるのだ。

叱られることで、絆《きずな》や愛情を再確認できることがあるのである。

◎子どもには理不尽であれ!!

２００６年サッカーW杯ドイツ大会の決勝で、フランスのジダン選手がイタリアのマテラッツィ選手に頭突《ずつ》きを見舞い、レッドカードの退場処分となった。

あの事件について、フランス国内では「子どもたちにどう説明したらいいんだ」という批判があったのだという。

僕の答えはただひとつ。

「そんなもん、説明することないじゃん」である。

もし、僕が学校の先生をやっていて、子どもたちから「どうしてジダンはあんなことしたの?」と聞かれたら、迷わずこう答えるだろう。

「こういうこともある」

そして、それでも納得しないようなら「大人になったらわかる」とでも答える。それで十分なのだ。

また、1997年に神戸の児童連続殺害事件が起こったときにも、中学生が「どうして人を殺しちゃいけないの？」と質問して、大人たちが誰も答えられなかったという出来事があった。

そんなもの理由なんかないのだ。

「理屈じゃないんだ。ダメだからダメなんだよ」

どうしてそう言えないのだろうか。

子どもになにかを教えるとき、つねに理屈を用意するのは不可能だし意味がない。

無理して理屈で説明しようとすると、必ず矛盾が出てしまう。ウソがバレてしまうわけだ。

それなら、思いっきり理不尽になって「それがルールなんだよ」とか「そういう決まりだからダメなんだ」と説明すればいいのだ。

これは勉強についても同じだ。

数学が嫌いな中学生は、すぐに「方程式が人生のなんの役に立つんだ」といったことを口にする。

そんなときは「高校に合格するのに役立つじゃないか」と言ってやればいい。

二次関数だって漢文だってフレミングの法則だって、すべて「いい高校、いい大学に行くのに役立つんだ」でかまわない。

そして「結局、それによって就職先や年収だって変わってくるんだ」と言っておけば、もう十分だ。

よく、子どもと同じ目線で向き合うとか、腹を割って話すとか、親身になって耳を傾けるとか、いかにも理想的な教師像を耳にするけど、そんな必要はまったくないと僕は思っている。

たとえば、いまの時代に本当に『金八先生』のような教師がいたら、生徒からすればウザイだけだろう。

それより、いまの子どもたちは**「キレイごとじゃない本当のこと」**を聞きたいのではないだろうか。

ちょっとくらい残酷《ざんこく》であっても、身もフタもないようなことであっても、それが「キレイごとじゃない」ということのほうが、ずっと大事な気がする。

漫画『ドラゴン桜』は、まさにそうした思いからスタートした作品である。

日本の『型』を教育せよ

◎唱歌と運動会を復活させよう

子どもたちに理不尽な『型』を詰め込んでいくためには、僕は唱歌《しょうか》と運動会の復活が欠かせないと思っている。

たとえば、小学校の卒業式で人気のポップソングを歌うなんてのは言語道断《ごんごどうだん》で、しっかりと『仰《あお》げば尊《とうと》し』を歌わせる。

歌詞の意味なんかわからなくてもいいから、とにかく「卒業式とはこういうものなんだ」という日本の『型』を教えるのだ。

元旦には『お正月』を歌い、春になれば『花』や『春の小川』を歌う。

夏になれば『茶摘《つみ》』を、秋がくれば『夕焼《ゆうやけ》小《こ》焼《やけ》』や『荒城《こうじょう》の月』を歌い、冬には

『蛍《ほたる》の光』を歌う。

いったいなんの意味があるんだと言われそうだが、唱歌を歌うのに意味なんかいらないのである。

ただ、これら唱歌に触れることで、七五調の歌詞が持つ不思議な心地よさを知り、日本語の美しさを感じながら、おじいちゃんやおばあちゃんと一緒に歌えるようになる。世代間の断絶がなくなる。

そうしたら、もうそれで立派な目的達成だ。

時代のヒットソングなんか黙っていても耳にはいるのだから、学校の音楽の授業で教える必要はない。少なくとも、**ヒットソングを憶えるよりも何倍も人生を豊かなものにしてくれるはずだ。**


もうひとつ、運動会にも抜本的な改革が必要だ。

まず、ちゃんと入場門をつくって、万国旗を掲げる。

そして子どもたちをきちんと紅組・白組に分けて整列させ、入場行進をさせる。

もちろん、運動会の目玉である駆《か》けっこでは「みんなで手をつないでゴール」なんてバカバカしいことはしない。

正々堂々と競争させ、一等賞をとった子どもには、副賞としてちゃんと鉛筆や消しゴムをあげる。当然のことながら、駆けっこのBGMは『天国と地獄』だ。

また、玉入れや綱引き、大玉転がし、ムカデ競争、棒倒し、騎馬戦、組み体操といった昔ながらの種目を復活させて、わけのわからないアイドルの曲に合わせたダンスなどは即時撤廃する。

そしてお昼には、ゴザを敷いて家族みんなでお弁当を食べる。

こうした昔ながらの光景を、遠くで二宮尊徳《にのみやそんとく》の銅像が見守っている。

このように、運動会はおじいちゃんやおばあちゃんでもすんなり入れるような形にするべきである。

もしかしたら「子どもはアイドルの曲のほうが喜ぶ」とか「そんな古くさい競技では子どもは楽しめない」と思う人もいるかもしれないけど、**運動会とはあくまでも儀式だ。**その儀式において『型』を守るのは当然の話である。

そして、やらせてみればどんな競技でも楽しんでしまうのが、子どもなのだ。

ときおり、「子どもと共通の話題がない」といって無理して子どもと同じアニメを見たり、子どもと一緒にゲームをやる親がいる。

どうしてそうやって「子どもに合わせる」のだろう?

合わせる必要があるのは、大人ではなく子どものほうだ。

子どもに昔ながらの唱歌を教え、運動会をさせて、大相撲を観る。そうやって子どもをこちら側に引き寄せることが重要なのである。

それができれば、子どもとの共通の話題なんて山のように見つかるはずだ。

◎子どもに「恥」の感覚を植えつけろ

フリーターやニートの問題は、できれば触れずにおきたい部分でもある。

というのも、個人的にまったく理解できないからだ。

ひとり暮らしをしているフリーターはともかく、実家にいるフリーターやニート、また引きこもりの人たちは、要するに親の金で生きているわけだ。

僕からすると、もうこの時点で理解できない。

親の金で生きる、親を頼って生きるときの、なんとも言えない居《い》心地《ごこち》の悪さ。あるいは後ろめたさ。これを感じたくないのだ。

もちろん、これは親に限ったことではなく、なるべく誰にも借りをつくらず、自分の力だけで生きていきたいという気持ちが、僕には強くある。

心にやましいところがなく、後ろ指を指されることのない人生を歩みたいのだ。

そのへんの人としての道というか、バランス感覚がマヒしてしまったら、簡単にニートになってしまうのだろう。

だから、僕は借金を完済した芸能人のニュースを聞くと、それだけで「カッコイイなぁ」と思ってしまう。

最近では、「借金なんかさっさと自己破産して踏み倒せ」という意見も幅を利かせているが、僕からすれば言語道断。

借りたものは「耳を揃えてキッチリ返せ」だ。

それが天下晴れて堂々と生きていける、人としての道だ。

矢沢永吉さんなんかは、代表的な例だ。

スタジオ建築に関わる詐欺《さぎ》により、自分の知らないところで背負わされてしまった何十億円という借金を、彼は自分の本業である「歌」のみで完済したという。そして現在では、都内に新しいスタジオをつくっているのだから、カッコイイ。

また、直木賞作家の山本一力《いちりき》さんも、そんなひとりだ。彼は「事業の失敗で抱え込んだ借金を返済するために」小説家になった、という異色の作家だ。

あるインタビューで、彼は「小説家になると決めてしまったら、もう迷ったり悩んだりせずに済むのだから、あとは楽だった」と語っている。そして小説家として成功した理由は「一度決めたら、やる。ブレることなく、やりきる」という腹の据《す》え方なのだという。

そしてもちろん、現在では直木賞も受賞し、借金も完済している。もう、カッコイイという以外にない生き方だ。

さて、こういう人たちの生き方を見て、純粋に「カッコイイ」と思える気持ちがあれば、ニートたちも親の金で暮らしている自分がどれだけみっともないか、わかるのではないだろうか。

そして彼らの『型』を学ぼうという気にもなるのではないか。

そう、**ニートとは「悪いこと」ではない。「みっともないこと」なのだ。**

その意味ではニートに善悪を説いても意味はないし、彼らにロジックは通じない。

みっともない自分を許せるかどうか。恥ずかしいと思わないのか。

そういう日本的な「恥」についての教育が、子ども時代から必要なのだろう。

◎学力は数値化できる

学力について、多くの人たちがある勘違いをしているように見える。

それは「本当の学力は数値化できない」という幻想だ。

似たような勘違いとして「ペーパーテストでその人の価値はわからない」というものもある。

これはいずれも間違いで、**学力は数値化できるし、その人の価値だってペーパーテストで判定されるのである。**

たとえば、最近はゆとり教育の弊害があちこちで語られている。

それでは、どうしてゆとり教育が問題視されるようになったかというと、学力テストの点数がみるみる低下したからだ。

この事実を前にしたとき「そんなの、たかがペーパーテストの点数じゃないか」とは誰も言わなかった。数値化された学力を、みんな信用しているのである。

そもそも、学校とは「考える力を身につける場所」ではない。

その証拠に、学校の授業ではつねに「答え」が用意されている。

もし「考える力」を身につけさせたいのなら、哲学のような答えのない問いかけに挑ませるのが一番だ。

それをせずに、ただあらかじめ用意された「答え」にたどりつかせようとしているのは、そうしないと点数がつけられないからで、つまり生徒を数値化できないからなのだ。

その意味で考えるなら、学校教育は学力を数値化するためにあるのだと言っても過言ではない。

そして、「ペーパーテストでその人の価値はわからない」という話もナンセンスだ。

たしかに、机に向かっておこなうペーパーテストだけでその人の価値を判断するのは無謀な話だ。

しかし、いったいほかのどんな方法をとれば「その人の価値」がわかるのだろうか。

面接したところで、わかるものではない。

学校から上がってくる内申書を見てもわからない。

もちろん履歴書から想像することも難しい。

そうなれば、もうペーパーテストがもっとも無難で、もっとも確実に数値化できる基準ではないか。

僕は漫画『ドラゴン桜』の中で、主人公桜木の口を借りて、

「東大に入れば人生が変わる」

「東大に入れるんなら学部はどこでもいい」

と語っている。

東大に入るのは、あくまでも手段にすぎない。ただ東大に入ればその後の人生がより有利に展開していくというだけのことだ。

それと同じように、数値化される学力だって手段にすぎない。

本当の学力、考える力なんてものは、独学で哲学書でも読んで身につければいい。

ペーパーテストでより高い点を取り、より有利に物事を進めていく。そんな「要領のよさ」が試されているのだ。

第5章のまとめ

1　子どもに自由を与えるな!!

2　画一的な『型』の詰め込みが義務教育だ!!

3　個性なんて大人が伸ばさずとも、勝手に育つ!!

4　子どもと友達になるな、親と教師には叱る責任がある!!

5　理屈で語らず、理不尽な『型』で抑えつけろ!!

6　唱歌と運動会を復活させ、日本の『型』を叩き込め!!

第6章 島国根性を磨け!!

商売人であることは、ろくでもないことなのか？

欧米化せずに「日本化」せよ！

◎「世界の常識」に唾《つば》を吐け!!

先にも触れたが、僕は前回のワールドカップ観戦のため、ドイツを訪れた。

重厚な歴史を感じさせるドイツの街並みは、たしかに素晴らしいものだった。

それでも、僕には物足りないように感じられたのも事実だ。

時間がずっと止まったままで、そこから新しいものが生まれるというエネルギーが感じられない。

守ることばかり考えて、前進することを忘れている。そんな気がしたのだ。

一方の日本では、渋谷も新宿もつねに工事中だ。

いつもどこかで古いビルが取り壊され、新しいビルが建造される。

改修工事をするくらいなら、いっそ建て替えてしまおう、そして最先端の設備を導入しよう。そんな合理性に満ちている。

おかげで街の景観《けいかん》はめちゃくちゃだけど、その雑然としたカオス的雰囲気《ふんいき》の中に強いエネルギーを感じる。

少なくとも僕は、100年前も100年後もまったく変わらないヨーロッパの風景よりも、5年後にどうなっているのかさえ予測がつかない日本の街並みのほうが、刺激にあふれていて好きだ。できれば手塚治虫《てづかおさむ》さんが漫画で描いたような未来都市になってほしい。

いきなりこんな話を持ち出したのは、理由がある。

世界における日本人を語るとき

「日本の常識は世界の非常識、世界の常識は日本の非常識」

という言葉がよく取りあげられる。

こう聞くと、いかにも日本人が国際的な常識をなにも知らない、みっともない民族のように思われる。

ただ、仮に「日本の常識は世界の非常識」だったところで、いったいなんの問題があるのだろう？

そして「世界の常識は日本の非常識」だったとして、なにが悪いのだろう？

別に、なにからなにまで世界と同じにならなきゃいけないわけじゃない。

はっきり言って、わざわざ自国の文化や風習を否定してまで「世界の常識」なんてものを信奉するほうが、ずっと画一化された横並び主義の考えだ。

だから、僕はこう言いたい。

「世界の常識に唾を吐け!!」と。

アメリカ人にはアメリカ人の、フランス人にはフランス人の、ドイツ人にはドイツ人の国民性がある。そして、彼らは別に自分たちの国民性を恥じているわけではない。

ただ日本人だけが、「いかにも日本人な自分」をカッコ悪いと思っているのだ。

どうしてこんなことになってしまったのか。

極東の島国だから？

外国人コンプレックス？

たしかにそれもあるのだろうが、やはり日本的な『型』が失われつつあることが、最大の原因ではないだろうか。

念のため断っておくと、僕は変なナショナリストではないし、ナショナリズムを煽《あお》ろうとも思わない。

ただ、もう少し自分の国の文化や風習に誇りを持ちたいだけなのである。

◎日常の『型』に誇りを持とう

日本には、能や歌舞伎、落語に茶道、そして柔道、剣道、大相撲などいくつもの伝統文化がある。

これらの伝統文化は、どんなに外国から新しい価値観や新しい文化が入ってこようと、微動だにしないで独自のスタイルを守っている。

住居も服装も食生活もこれだけ欧米化しているのに、そのブレない強さはどこからくるのだろうか。

これは完全に『型』のおかげだ。

僕は中高大と学生時代にずっと剣道をやっていたのだが、はっきり言ってこれほど不思議な競技もないだろう。

特に中学や高校のレベルでは、筋力や体力では絶対に負けないはずなのに、簡単に高段者のおじいちゃんに負けてしまうのだ。

下手をすると、はじき飛ばされてしまうこともあるから恐ろしい。

どうしてこんなことが起こるのかと言えば、もう剣道ならではの『型』のせいだとしか言いようがない。

武道といわれるものはほとんどそうだろうが、**一度『型』を身につけた者は、圧倒的な強さを誇る**のである。

そして、まだ『型』を身につけていない若造がどれだけ力任せに挑《いど》みかかっても、ほんのちょっと身体を動かすだけでポイントをズラすことができる。そして、たやすく勝利を収めることができるのだ。

その意味では、僕は学生時代に『型』の恐ろしさをイヤというほど味わった。だから、大人になってからも『型』の重要性を意識することができたのかもしれない。

ただ、なにも『型』を実感するのに剣道や柔道をやる必要はない。

もっと日常的な場面で、われわれはたくさんの『型』を実感しているのである。

たとえば、和室で目上の人と向かい合うときには、誰だって正座《せいざ》をするだろう。

そうすると、背筋が勝手にスッと伸びて、それだけでも礼儀正しい凜《りん》とした気分になれるはずだ。

そして、相手から「足を崩していいよ」と言われて足を崩すと、気持ちまでもほぐれ、心からリラックスすることができる。

これなどはわかりやすい『型』の一例だ。

また、毛筆で手紙を書くと、なんとなく改まった気分になるし、下駄《げた》で歩くとどこか豪快な気分になる。

新幹線から富士山が見えると思わず息を飲んでしまうし、満開の桜を見るとそれだけで幸せな気分になる。

このあたりは、もう日本人のＤＮＡと言っていいだろう。

普段は欧米化した生活を送っているわれわれも、**『型』に身を委《ゆだ》ねると気持ちに微妙な変化が起きる**のだから不思議なものだ。

われわれの『型』とは、なにも能や歌舞伎のような伝統芸能の中にだけ息づいているのではない。

日常のあらゆる場面に『型』は潜み、われわれの心を動かしているのだ。

そういう『型』を持っていることを、もっと誇りに思うべきだろう。

◎『型』があれば品格はついてくる

最近、「品格」という言葉をよく耳にする。

ベストセラーになった本のタイトルにもあったし、大相撲でも外国人力士に対して「品格に欠ける」などの悪評がつきまとったりする。

それでは、どうすれば品格が身につくのだろうか。

われわれは、なにをもって「あの人には品格がある」と感じたり、判断したりしているのだろうか。

これはまさしく『型』の領域だ。

たとえば能や狂言、また日本舞踊《ぶよう》などに見られる、繊細《せんさい》にして優雅な、その流れるような動き。

長い歴史の中で完成されていった『型』を身につけることによって、それにふさわしい奥ゆかしい所作《しょさ》、美しさ、そして品性を磨《みが》いていくわけだ。

また、箸の持ち方やテーブルマナー、お辞儀《じぎ》や会釈《えしゃく》なども、身近にあるひとつの『型』だと言えるだろう。

これらの『型』をしっかりと身につけ、さりげなく実践できる人を見ると、われわれは美しさを感じる。

その佇《たたず》まいや立ち居振る舞いに、信頼や尊敬の念を抱くことができるのだ。

ここで面白いのは、あくまでも『型』が先にあることだ。

つまり、その人の性格や性根がどうであろうと、さほど関係ない。『型』さえしっかりしていれば、それで「品格」がついてくるのである。

そういえば、大相撲の世界には「地位が人をつくる」という言葉がある。

関取になり、三役《さんやく》になり、大関《おおぜき》になり、横綱《よこづな》になる。

そうやって地位が変わっていく中で、力士たちは土俵《どひょう》入りに代表されるような、さまざまな『型』を身につける。

そしておのずと「品格」も育っていくというのである。

これは、ボクシングやレスリングのような西洋の格闘技には見られないことだ。

子どもたちに野球やサッカー、それにボクシングをやらせるのもいいだろうが、これからの時代、思いきって武道の道を進ませるのもいいのかもしれない。

武士道精神を捨てて「商人道精神」を！

◎武士道よりも商人道に学べ!!

日本人としての自尊心を取り戻そうとする人たちの多くは、規範《きはん》とすべき『型』を探した結果、「武士道」に行き着くようだ。

自らを厳しく律《りっ》し、主君には忠義を、親には孝行を、下位の者には仁慈《じんじ》を、そして公正を尊び、富よりも名誉をもって貴しとする、といった禁欲的な倫理観である。

たしかに立派な倫理観ではあるし、「武士道精神」とか『葉隠《はがくれ》』の有名な一節「武士道というは死ぬことと見つけたり」なんて言葉は、いかにもカッコイイ。

しかし、僕は自分に武士道精神なんか求めるつもりはない。

僕が大切にしたいのは、いわば「商人道」だ。

江戸時代の商人たちが持っていたような倫理観、あるいは逞《たくま》しさ、図太さなどを規範にすべきではないかと思っている。

武士道精神ならぬ、商人道精神である。

身もフタもない話をしてしまえば、**日本とは「お金あってこそ」の国だ。**

地面を掘っても石油が出るわけでもないし、地理的にも東の端っこなわけだし、金山も掘り尽くしてしまったし、天然資源で考えれば、これといった基幹産業なんか生まれようがない国だ。

ましてや軍事力で他国を威圧《いあつ》するなどはもってのほか。

そのため、日本が生き残るためには工業国化するしかない。そして商売するしかない。工業製品とお金で勝負するしかないのである。

だったら、武士道だなんてカッコイイことを言ってないで、もっと現実的な商人であるべきなのだ。

そして、商人（あるいは職人を加えた「町人」）の歴史を調べれば調べるほど、面白いことがわかってくる。

そもそも江戸時代の武士は一文《いちもん》も稼がない、ただの下級官僚《かんりょう》であり、お役人である。

そのため「武士は食わねど高楊枝《たかようじ》」という言葉が生まれるくらい、彼らの生活は質素なものだった。

一方、江戸時代は米の石高《こくだか》が通貨の基準だったので、商人や職人は課税の対象とはならず、かなりの自由が与えられていた。

町人は、そのメリットを存分に活かした。

町ごとに組合をつくり、経済を発展させ、両替商という銀行をつくり、自前の消防団や警察を組織し、土木事業も自前の組合で運営させた。

そして江戸と大坂を結ぶ東海道に代表される、流通・交通網を全国各地に張り巡らせ、飛脚《ひきゃく》制度も整備され、人や物、それに情報の流れを活性化させていった。

そしてなにより、**町人たちは、人生を思いっきり謳歌《おうか》した。**

あの時代に栄えた歌舞伎も大相撲も、あるいは浮世絵だって、すべては町人文化の中で隆盛を極めていったものだ。滑稽本《こっけいぼん》と呼ばれるコメディや、春画《しゅんが》のようなポルノだって充実していた。

そう考えると、彼らはいまの日本人よりもずっと楽しい人生を送っていたのかもしれないと思えてくる。

たとえ貧しくとも、なんとなくカッコイイ武士道を選ぶか。
それとも、現実的かつ享楽《きょうらく》的な商人道を選ぶか。

僕なら、間違いなく後者を選ぶ。

◎エコノミックアニマル、大いに結構!

きっと日本的商人道を極めていった結果が、80年代に語られていた「エコノミックアニマル」としての日本人像だったのだろう。戦後焼け野原となった日本は、驚くべきスピードで高度成長を遂げ、気がつけば世界第2位の経済大国に躍り出ていた。

この奇跡的な復興《ふっこう》の陰にあったのは、まさか武士道精神ではないだろう。したたかで逞しい、商人道の精神だ。

かつて坂口安吾《あんご》が『日本文化私観』の中で、こんなことを書いていた。

日本の文化とは法隆寺《ほうりゅうじ》や平等院《びょうどういん》にあるのではない。あんなもの焼けてしまってもかまわないし、駐車場にでもしてしまえばいい。そんなことで日本の文化は消えやしない。むしろ累々《るいるい》と並ぶバラックの中にこそ、日本の美しさがある。そして、京都の寺や奈良の仏像が全焼しても困らないが、電車が止まっては困るのだ、と。

僕が重厚なドイツの街並みよりも、渋谷や新宿のほうが魅力的に感じるのは、おそらくこんな理由からだと思う。

そもそも、僕にとって漫画家という職業は「仕事」だ。

ひとつのビジネスとして、ある意味では割り切って描いているし、それが悪いことだとはまったく思っていない。

よく、仕事について「自分を表現するもの」のように考えている人がいるが、それは大間違いである。

仕事とは「他人の需要に応えるもの」だ。

自分を表現するとか、自己実現とか、そんなふわふわしたことを言っているようでは、いつまでたっても仕事にならない。

他人の需要に応えられなければ、お金にならないのだ。

だから、僕はスタッフにも「お金がとれる漫画を描け」と言っている。

うまく描くとか、面白く描くのではなく、お金がとれるものを描く。うまいとか面白いとかいった漠然とした目標ではなく、「はたしてこの漫画でお金がとれるかどうか」で考えるのだ。だって、それがプロなのだから。

その意味において、日本人がエコノミックアニマルと呼ばれるのは大いに結構なことで、最大級の褒め言葉だと思う。

日本人のことをエコノミックアニマルと揶揄《やゆ》する外国人は「日本人は働いてばかりで、いったいなにが楽しいんだ?」と言う。

それなら僕は「お前らはそんなに休んでばっかりいて、いったいなにが楽しいんだ?」と言ってやりたい。

仕事をしていれば、充実感や達成感を味わうことができる。

もちろん、お金をもらうこともできる。

家族のためにもなるし、ひいては社会のためにもなる。

それがどうして否定されなきゃいけないのか、僕にはさっぱり理解できない。

働かざる者食うべからず、だ。

エコノミックアニマルなんて、商人道精神をくすぐられる最高の言葉じゃないか。

◎本音で話さず建て前でいけ

日本人の欠点としてよく挙げられるのが「本音と建て前」だ。

顔はニコニコ笑っているけど、どうやら本音は違うらしい。

言いたいことがあるなら言えばいいのに、建て前ばかりで身のない話をする。

たしかに、これは弁明の余地もない事実だ。日本人は建て前の奥に本音を隠しているし、腹の中でなにを考えているのかわからないことも多い。

しかし、じゃあすべてズケズケと本音で語り合う世の中がいいのかというと、決してそんなことはないはずだ。

僕にしてみれば、**建て前とはひとつの礼儀、礼節の作法だ。**

建て前は、お辞儀や会釈と同じように機能している。

これらがあることによって、国土が狭く人口密度の高いこの国でも、どうにかわずらわしい人間関係を円滑《えんかつ》に受け流すことができている。

断定的な表現を避け、あいまいさを残した日本語そのものも、同じ理由から現在のような形に発展していったのだろう。

われわれは、何時間にも及ぶ商談だって、すべて笑顔のうちに、そして建て前オンリーでやり過ごすことができる。

そして誰も傷つかないまま「どうやらその気はなさそうだな」と推《お》し量《はか》り、そのまま引き下がることができる。

本音でガンガン意見をぶつけ合う議論なんて、日本人の感覚からすれば「品がない」人間のやることだ。礼儀を知らないし、うっとうしい。

だから、そんな「世界の常識」には思いっきり唾を吐こう。

建て前とあいまいさの中でコミュニケーションできる、相手の気持ちを推し量ることができる、これは素晴らしいことじゃないか。

もしかすると、本音を隠して生きるのは窮屈《きゅうくつ》だと思うかもしれないが、実際は逆だ。

本音だけで生きていく世の中のほうが、ずっと息苦しくて窮屈なのだ。

特に、こんな狭い国ではなおさらそうだろう。

これからは、堂々と建て前で生きていこう。

間違っても「みんなが本音で語り合える会社」なんて探そうとしないことだ。

◎お人好《よ》しでなにが悪い⁉

あなたが、初めて日本を訪れる外国人を、観光案内することになったとしよう。

このとき、あなたは彼をどこに連れて行くだろう？

たぶん多くの人が、京都や奈良と答えるだろう。

たしかに京都や奈良に残る仏閣《ぶっかく》の数々は、日本の伝統を紹介するのにピッタリだし、いかにも外国人にウケそうだ。

しかし、それで本当に「日本を見せた」と言えるだろうか。

僕なら、そんなことをせず普通の街を案内する。

そうすれば、列をつくって電車を待つ人たちを見るだろう。

急ぐ人のために片側をあけてエスカレーターに乗る人たちを見るだろう。

車が来ていないのに、信号が青に変わるまで横断歩道の手前で待っている人たちも目撃するはずだ。

また、足下に荷物を置いていても、あるいは財布を落としても、誰も置き引きしようとしない光景だって見るだろう。

これら普通の街に流れている、暗黙の『型』を見せるほうが、よほど日本や日本人の素晴らしさを理解してもらえるのではないだろうか。

もちろん、京都や奈良も素晴らしいし、能や歌舞伎もいい。高級な鮨《すし》屋に連れて行くのもいいだろう。

ただ、日本にはもっと素晴らしい、隠された『型』があるのだ。

一部の評論家たちは、日本人はお人好しすぎると言う。

そして日本の外交や国際的なビジネスにもそれがあらわれていると言う。

タフな交渉事が苦手だと言う。

僕には、それのなにが悪いのかさっぱり理解できない。

どんなにタフな交渉ができたところで、治安が悪い国なんてお断りだ。

それよりも、道を譲《ゆず》ったり、席を譲ったり、落とし物を届けてあげたりできるお人好しの国に住みたい。そして実際に、僕たちはそんな国に住んでいるのだ。

真の個性はこうしてつくられる

◎つねに次の『型』を求めよ!!

この本ではずっと『型』の重要性、有効性について語ってきたけど、もちろん『型』は万能というわけではない。欠点だってある。

その最大のものが、「成長が止まってしまう」という危険性だろう。

たとえば、Aという漫画家さんが法廷ドラマの漫画で大ヒットを飛ばしたとしよう。

そうすると、その「法廷ドラマ」という『型』をコピーした漫画が続出する。

すでに「法廷ドラマ」のマーケットはできあがっているので、ファンも受け入れやすく、それなりにヒットする。

しかし、そのときAさんは、もう先に行っちゃってる。**飽和《ほうわ》状態になったマーケッ**

トに見切りをつけ、新しい市場の開拓、新しい『型』の創出に向かっている。

そして気がつけば、「法廷ドラマ」市場は下火になり、そこで食べていた漫画家さんたちは続々と連載を失ってしまう。

もちろん、そのときAさんは別の新しいマーケットを開拓し、そこで新たなヒット作を生み出しているわけである。

わかりやすく漫画の世界で説明してみたが、このような例はどのビジネスにも見られるだろう。

別に『型』にはまることが悪いと言っているわけではない。

マーケットというのは、それを「開拓する人」と「成熟させる人たち」とによってつくられるのであって、先駆者がいれば、フォロアーがいるのは当然のことだ。むしろフォロアーが出ずにマーケットが拡大しなければ、先駆者もなかなか大成できない。

ただし、フォロアーとしての成功をおさめるのはさほど難しくないこともあってか、そこにあぐらをかいてしまう人がいる。そして市場の縮小とともに消えていくのだ。

コピーするのはまったくかまわないのだが、**あくまでもコピーは「何度も」しなけ**

ればならない。

つねにアンテナを張り巡らせて、これから育っていきそうなマーケットに目をつけ、新しい『型』を見つける。

そうやって、いわば「脱皮」をくり返すことによってこそ、成長を持続できるのだ。

ちなみに若いころの僕は、新しい企画を考えるとき、いつも「隙間《すきま》」を狙ってきた。

たとえば、Aという漫画誌があって、そこに自分を売り込みたい。どうにかして連載を持ちたいとする。

このとき、僕は自分の「得意分野」や「やりたいこと」などで勝負することはしない。

漫画誌をパラパラとめくって、「空席」を探すのだ。

たとえば、スポーツ漫画はある。学園モノもある。ビジネス系、刑事モノもある。

それでは、どのジャンルが「空席」になっているのだろう?

この漫画誌には、なにが足りないんだろう?

そうやって「そこにないもの」を見つけ出し、それで勝負すれば、それだけで作品

としての相対的な価値が高まる。あとは王道の流れに沿って、所々で自分の色を出していければ、それで十分にお金のとれる漫画になるのだ。

これには先見の明なんていらない。**ただ「そこにないもの」という新しい『型』を探すことができれば、それでいいのだ。**

きっとソニーもホンダもパナソニックも、こんな発想で成長してきたのではないだろうか。

◎それでも個性がほしいあなたへ

くり返しになるけど、僕は個性を全否定しているのではない。

僕にも個性はあるし、うちのスタッフ全員にもそれぞれの個性があるし、もちろんあなたにも個性がある。

ただ、僕が言いたいのは「人と違うこと」が個性ではない、ということだ。

たとえば、オンリーワンとかオリジナルとかにあこがれている人は、自分を一輪の美しい胡蝶蘭《こちょうらん》のように考えている。

周囲の花々とは違う圧倒的な存在感を放ち、他を威圧するようにして咲き誇る。それが個性であり、自分もそうなるべきだと思っている。

しかし、何万本と咲く菜の花畑の一本にも、個性はある。

同じ場所に咲き、同じ色をして、同じくらいの大きさで、遠目にはまるで区別がつかないくらいの花だけど、そこにも個性はある。

どんな菜の花であっても、その花の蜜《みつ》を集めるハチや蝶はいるし、それらを経由して受粉する別の花もある。

そして種ができれば、菜種油《なたねあぶら》の原料として人間たちから重宝される。

つまり、誰かの役に立っているのである。


僕は、この「誰かの役に立つ」あるいは「誰かに求められる」ということこそ、最大の個性だと思っている。

意味もなく目立ったり、変わり者になったりするのが個性ではない。

ほかの人と違うことをするのが個性でもない。

誰かの役に立ち、誰かに求められ、誰かから感謝されることが、その人に存在価値があり、また個性があるという証拠なのだ。

だから、「僕は平凡なサラリーマンです」とか「わたしはなんの変哲《へんてつ》もない主婦です」という人がいるとすれば、それはとんだ間違いだ。

どんな仕事であれ、たとえば書類にハンコを押すだけの仕事であれ、そこには「あなた」が必要なのだ。その仕事は「あなた」がいるからこそ回っているのだ。

主婦の方々にしても、そう。

毎日食事の準備をして、掃除をし、洗濯をして、夫や子どもたちの生活を支えている。これほど明確に誰かの役に立っている例、誰かに求められている例は、そうそう見受けられるものではない。

きっとあなたは誰かの役に立っている。

自分の気づかないところで誰かに求められ、気づかないうちにそれに応えている。

その意味で、あなたはすでに十分すぎるほど個性的であり、その個性と存在価値はずっと保たれていくのだ。

第6章のまとめ

1 「世界の常識」なんざ、唾でも吐いとけ!!
2 誇るべき日本の『型』を取り戻そう!!
3 『型』があれば品格だってついてくる!!
4 したたかで逞しい「商人道」に学べ!!
5 本音を隠し、建て前で押し通せ!!
6 本当の個性とは「誰かの役に立つ」ことだ!!

エピローグ

すべての答えは『型』にある

個性なんか捨てて、とりあえず『型』にはまってみろ。

この世の中、そうすればうまくいくようにできている。

個性なんかにこだわっているから、そこから一歩も動けなくなるのだ。

僕がこの本で言いたかったことを要約すると、およそこんな感じになる。

最初はとんでもない暴論のように思われた方も、ここまで読まれたのであれば、ある程度は納得していただけたのではないだろうか。


漫画というメディアは、見かけによらず意外と制約の多い表現方式だ。

色は白黒だし、音も出ない。

もちろん絵は止まったままで動かない。

そして読みやすさを考慮するとネーム(台詞)の量も限られるし、ナレーションのキャプションをたくさん入れるわけにもいかない。

連載ものならページ数も制限される。

さらに面倒なことには、背景までせっせと描かなければ、登場人物たちがどこにいるのかさえ、読者には伝わらない。

だから、漫画家は「絵描き」というよりも「脚本家」としての才能のほうが求められるのだと思う。

その意味で、今回こうして一般書という形で自分の考えを述べることができたのは、新たな制約での挑戦でもあり、これまで縛られてきた制約からの解放でもあった。

ただ、これは漫画を描いていても思うのだが、どんな内容の表現にせよ、なんらかの制約があったほうが、実はやりやすい。

フォーマット、つまり『型』があれば、あらかじめ「できること」と「できないこと」がはっきりする。音が出せないとか、動いてくれないとか、色がつけられないとか、さまざまな「できないこと」がわかる。

そうすれば、ただ「できること」のみに腐心《ふしん》すればいいのだから、余計なことを考えずに済むのである。

この本が、読者の方々にどのように受け止められるか、僕にはわからない。

もしかしたら、自分のことを否定されたように感じる方もいるかもしれないし、夢も希望もなくなったと思われる方もいるかもしれない。

でも、よくよく考えてもらえれば、そんなことないことがわかってもらえるはずだ。

僕は天才でもないし、さほど努力家というわけでもない。

それでも、漫画家になり、こうしてご飯を食べることができている。

どうしてそんなことができたのか？

その答えを、僕は本書の中に詰め込んだつもりだ。

僕の気持ちが、ひとりでも多くの読者に伝わってくれることを願っている。

三田紀房

本作品は、小社より二〇〇六年十一月に刊行した『個性を捨てろ！　型にはまれ！』を加筆・修正したものです。

三田紀房（みた・のりふさ）

一九五八年、岩手県生まれ。漫画家。明治大学政治経済学部卒業後、大手百貨店勤務などを経て、三〇歳のとき講談社ちばてつや賞一般部門入選で漫画家デビュー。

社会現象を巻き起こした東大合格請負漫画『ドラゴン桜』（講談社）で第29回講談社漫画賞受賞、平成17年度文化庁メディア芸術祭マンガ部門優秀賞受賞。その他、『マネーの拳』（小学館）、『銀のアンカー』（集英社）、『エンゼルバンク』（講談社）など、次々とヒット作を生み続けている。

著書には『汗をかかずにトップを奪え！』『成功の五角形で勝利をつかめ！』『「ここ一番」に強くなれ！』（大和書房）がある。

だいわ文庫

個性《こせい》を捨《す》てろ！　型《かた》にはまれ！

著者　三田紀房《みたのりふさ》

二〇〇九年八月一五日第一刷発行

発行者　南　暁

発行所　大和《だいわ》書房

東京都文京区関口一－三三－四　〒一一二－〇〇一四

電話　〇三－三二〇三－四五一一

振替　〇〇一六〇－九－六四二二七

装幀者　鈴木成一デザイン室

本文デザイン　小林祐司（TYPEFACE）

本文イラスト　©三田紀房／講談社

編集協力　古賀史健（office Koga）

本文印刷　信毎書籍印刷

カバー印刷　山一印刷

製本　ナショナル製本

ISBN978-4-479-30249-0

乱丁本・落丁本はお取り替えいたします。

http://www.daiwashobo.co.jp